O IMPÉRIO DO ATRASO

O IMPÉRIO DO ATRASO

Etnologia, política e religião nas impressões
sobre o Brasil de um inglês radicado
nos Estados Unidos (1846-1856)

Carla Viviane Paulino

Copyright© 2014 Carla Viviane Paulino

Grafia atualizada segundo o Acordo Ortográfico da Língua Portuguesa de 1990, que entrou em vigor no Brasil em 2009.

Edição: Joana Monteleone/Haroldo Ceravolo Sereza
Editor assistente: João Paulo Putini
Projeto gráfico e diagramação: Camila Hama
Capa: João Paulo Putini
Assistente acadêmica: Danuza Vallim
Revisão: João Paulo Putini
Assistente de produção: Maiara Heleodoro dos Passos

Imagem da capa: Peditório para as festas do Divino Espírito Santo, Rio de Janeiro (?), 1846. Gravura sobre madeira de Thomas Ewbank (*Life in Brazil*).

Este livro foi publicado com o aopio da Fapesp.

CIP-BRASIL. CATALOGAÇÃO NA PUBLICAÇÃO
SINDICATO NACIONAL DOS EDITORES DE LIVROS, RJ

P353i

Paulino, Carla Viviane
O IMPÉRIO DO ATRASO : ETNOLOGIA, POLÍTICA E RELIGIÃO NAS IMPRESSÕES SOBRE O BRASIL DE UM INGLÊS RADICADO NOS ESTADOS UNIDOS (1846-1856)
Carla Viviane Paulino. - 1. ed.
São Paulo: Alameda, 2014
194 p.; il.; 21 cm

Inclui bibliografia
ISBN 978-85-7939-280-1

1. Etnologia. 2. Etnologia - Brasil. 3. Antropologia. I. Título.

14-13795	CDD: 306
	CDU: 316

ALAMEDA CASA EDITORIAL
Rua Conselheiro Ramalho, 694 – Bela Vista
CEP: 01325-000 – São Paulo, SP
Tel.: (11) 3012-2400
www.alamedaeditorial.com.br

*A meu marido Léo, e a meus filhos
Laura, Leonardo e Sophia, que tanto
desejaram ver esse trabalho terminado.*

SUMÁRIO

PREFÁCIO 9

INTRODUÇÃO 13

Sobre literatura de viagem 19

Literatura de viagem e crítica pós-colonial 21

CAPÍTULO 1 – ELEMENTOS DA TRAJETÓRIA E VIDA DE THOMAS EWBANK 25

A fundação da American Ethnological Society 29

Cargo técnico ocupado por Ewbank no governo dos Estados Unidos 30

Participação de Ewbank em viagens e relatórios científicos do governo 35

Publicações de Thomas Ewbank 36

A viagem ao Brasil e os impressos sobre o tema 41

CAPÍTULO 2 – O PAPEL DA ETNOLOGIA NORTE-AMERICANA NA CONSTRUÇÃO DE IMAGENS E PROGNÓSTICOS SOBRE O BRASIL E OS BRASILEIROS NOS ESCRITOS DE THOMAS EWBANK 49

Os primórdios da Etnologia nos Estados Unidos 52

O papel das sociedades científicas na orientação de viagens e viajantes 57

Monogenia e poligenia: os debates sobre 60
a origem do homem nos Estados Unidos

"Evolução humana" e determinismo geográfico em *Life in Brazil* 65

O índio sul-americano no relato de Ewbank 71

A opinião de Thomas Ewbank sobre o negro e a escravidão 72

CAPÍTULO 3 – MONARQUIA E IGREJA CATÓLICA NOS TRÓPICOS 87

O ideal de República e virtude cívica nos Estados Unidos 87

As bases protestantes norte-americanas 92

Dos males da monarquia 94

Dos males do catolicismo 107

CAPÍTULO 4 – A TÉCNICA, A MÁQUINA E O PROGRESSO NO "IMPÉRIO DO ATRASO" 131

A técnica, a máquina e a indústria na primeira metade do século XIX 132

As impressões de Thomas Ewbank sobre a técnica no Brasil 144

O brasileiro e o trabalho 163

CONSIDERAÇÕES FINAIS 175

REFERÊNCIAS BIBLIOGRÁFICAS E FONTES 183

PREFÁCIO

É com satisfação que apresento este cuidadoso trabalho de Carla Viviane Paulino, fruto de dedicada pesquisa que resultou em consistente mestrado do Programa de História Social da Universidade de São Paulo.

O livro que ora vem a público é produto das inquirições de Carla sobre o inglês Thomas Ewbank, residente nos Estados Unidos. Em 1846, ele percorreu o Brasil por apenas seis meses, mas suas impressões fortemente negativas sobre o país permaneceram, nos Estados Unidos, após a publicação do seu influente relato de viagem.

Ewbank registrou, narrou e julgou o Brasil de forma inclemente: desde a lasciva vida privada dos padres brasileiros (ou os males do catolicismo), passando pelo atraso do Império (ou os males da monarquia) até as técnicas rudimentares que constatara no país. Ele avaliou que o Brasil que conhecera – onde se difundia a miscigenação – era "quase degenerado" e em tudo contrastante aos Estados Unidos.

Defensor arraigado da República, ele viu no Império brasileiro aquilo que o país do norte havia firmemente sepultado: as pompas e os resquícios de um Antigo Regime defasado e canhestro. Entre a Inglaterra, seu país de origem, e os Estados Unidos, o nosso viajante indiscutivelmente escolhera o último e abraçara muitas das concepções dos norte-americanos sobre os países da América Latina. O

Brasil, na época, chamava a atenção de cientistas, letrados e homens de negócios nos Estados Unidos em razão da escravidão que grassava em ambos os países. Muitos, entre eles Ewbank, quiseram avaliar como a servidão se desenvolvera abaixo da linha do Equador.

A curiosidade intelectual de Carla fez com que ela mergulhasse na documentação disponível no Brasil e nos Estados Unidos e descobrisse que Ewbank ascendeu socialmente de aprendiz de manufaturas, na Inglaterra, ao importante cargo de Comissário de Patentes, nos Estados Unidos. Como poucos, ele defendeu as "artes úteis" e os aspectos da "vida prática" norte-americana. Entretanto, o trabalho de Carla alcançou outros significados quando a pesquisadora notou que Ewbank havia sido um dos fundadores da American Ethnological Society.

Entusiasmado com o universo industrial que via decolar nos Estados Unidos, Ewbank participou também do debate sobre a "origem do homem" e o "lugar de determinadas raças em seus respectivos ambientes geográficos", temas efervescentes e centrais na fundação da American Ethnological Society. Não é preciso dizer que, para o viajante, os anglo-saxões (Estados Unidos e Inglaterra) lideravam o topo da escala que indicava os níveis de civilização alcançados por esse ou aquele país. Especialmente os Estados Unidos mostravam iniciativa na produção de manufaturas, com parte da população imbuída de "virtudes cívicas", próprias do regime republicano que defendia ardorosamente.

Carla recuperou o "embate científico" que repercutiu dos dois lados do Atlântico e dividiu os monogenistas – partidários do criacionismo cristão que acreditavam que todas as raças descendiam do mesmo homem, Adão – e os poligenistas, aqueles que criam que as diferenças entre os homens "constatadas por cientistas" no globo eram de tal modo consideráveis que eles só poderiam ter origens diferentes. Como os fueguinos (considerados uma das mais primitivas raças do continente), no extremo sul da América do Sul, poderiam ter a mesma origem que os da raça anglo-saxônica? Monogenistas e poligenistas não eram homogêneos, porque havia proposições diferentes no interior de cada grupo. Ao constatar a influência do "debate científico" atravessado pela questão de raça e que reunia, entre outros, Abraham Alfonse Albert Galattin, Henry Schoolcraft, Louis Agassiz, nos Estados Unidos, e Carl Linneu, Georges Buffon, Georges Cuvier, Jean-Baptiste Lamarck, na Europa, Carla encontrou a razão pela qual Thomas Ewbank desenvolvera as suas certezas sobre o Brasil.

Como se sabe, os relatos de viagem são fontes privilegiadas para o exame das imagens e representações sobre os outros lugares. Contudo, a pesquisadora vai além porque mostra ao leitor em quais premissas – no caso, o debate "científico" sobre as raças – as representações negativas de Ewbank estiveram amparadas. Ela expõe que não basta estudar as concepções de atraso e estagnação do Brasil, mas buscar em quais princípios determinadas imagens são gestadas.

Enfim, o trabalho que o leitor tem em mãos é resultado de ampla pesquisa em fontes, de rigor teórico-metodológico, de fundamentada interpretação e do compromisso da pesquisadora com a investigação histórica.

Mary Anne Junqueira
Profa. associada de História dos Estados Unidos – USP

INTRODUÇÃO

Este livro, fruto de minha dissertação em História Social na Universidade de São Paulo,[1] tem como principal objetivo analisar a construção das representações do homem e da cultura do Brasil oitocentista veiculadas primeiramente nos Estados Unidos e depois no Brasil, através da análise do relato de viagem elaborado por Thomas Ewbank, de título: *Life in Brazil or a journal of a visit to the land of the cocoa and the palm*.[2] O viajante esteve no Brasil entre fevereiro de 1846 e agosto do mesmo ano. A narrativa escrita em forma de diário foi publicada nos Estados Unidos e Inglaterra em 1856. Embora a estada do viajante tenha se restringido ao Rio de Janeiro, as opiniões e julgamentos sobre o que viu não se circunscreveram à capital do país, mas ampliaram-se para o Brasil em geral. Para compreender as representações elaboradas por Thomas Ewbank sobre o Brasil e os brasileiros, também foram analisados outros escritos de sua autoria.

---

1 Este trabalho contou com o apoio da Fapesp – Fundação de Amparo à Pesquisa do Estado de São Paulo.

2 EWBANK, Thomas. *Life in Brazil or: a journal of a visit to the land of the cocoa and the palm*. Nova York: Harper & Brother, 1856. A partir de agora, passo a me referir ao relato de viagem que analiso como *Life in Brazil*.

Thomas Ewbank nasceu em Durham, Inglaterra, em 1792, mudou-se para os Estados Unidos, em 1819, e, como veremos, abraçou a cultura, a política e o modo de vida norte-americanos como poucos. Cientista, inventor e ex-fabricante de canos de cobre e chumbo em Nova York e depois envolvido nos debates científicos que tomaram conta do país, Ewbank, aos 54 anos de idade visitou a custa própria o Rio de Janeiro, local em que residia seu irmão Joseph Ewbank, casado com uma brasileira. Durante os meses em que esteve no Brasil, o autor quase diariamente saiu em incursões pela cidade a fim de descrevê-la em detalhes.

Bem relacionado, durante o período em que permaneceu na capital do Império Ewbank visitou muitos pontos da cidade e encontrou-se com pessoas ilustres da sociedade do Rio de Janeiro. Mas seu interesse não se ateve apenas a esse público, pois seus escritos destacaram-se pela primazia dos detalhes da vida cotidiana. Assim, escreveu sobre o modo de vida das pessoas comuns, dos negros escravos e forros, dos comerciantes e dos fazendeiros. Detalhou e interpretou com particular interesse o comportamento do clero e as festas religiosas. Indignou-se com a desvalorização que o brasileiro imputava ao trabalho e com desprezo comentou as cerimônias monárquicas e o lugar de destaque que elas ocupavam no cotidiano da sociedade. Ele descreveu também os hábitos alimentares e os utensílios domésticos, as ruas e os meios de transporte, buscando compreender e ao mesmo tempo julgar alguns dos hábitos, valores, crenças e costumes locais.

Veremos que Thomas Ewbank opinou, julgou e "condenou" a sociedade que viu no Brasil a partir de concepções e "ideias científicas" que eram discutidas nos Estados Unidos – e também na Europa – naquele momento. Assim, procurarei mostrar que muitas das conjecturas do viajante estiveram embasadas nas ideias da nascente Etnologia norte-americana, a qual discutia a "origem e evolução do homem" e a distribuição das raças pelo globo. Alguns homens da época se considerávam habilitados a partir de questões postas por algumas "ciências" a identificar determinados patamares de "evolução" nessa ou naquela sociedade. Thomas Ewbank assim o fez com o Brasil e, por contraste, com os Estados Unidos.

Este estudo procurou manter um diálogo com pesquisas que procuraram compreender as imagens construídas nos Estados Unidos não só sobre o Brasil, mas sobre a América Latina em geral.[3] É certo que representações negativas e positivas sobre o Brasil já foram identificadas nessas pesquisas. No entanto, esse trabalho procura contribuir reforçando que as visões negativas relativas ao país remontam pelo menos a meados do século XIX. Por outro lado, convém ressaltar que o relato de Thomas Ewbank, embora tenha produzido uma visão de "país atrasado" e com poucas possibilidades de desenvolvimento, procurou também destacar, mesmo que raramente, alguns aspectos que ele considerou positivos, tais como a beleza e a riqueza natural do país,[4] alguns artefatos artesanais e mesmo instrumentos que considerou de grande utilidade.

Life in Brazil, como indicado, foi publicado somente em 1856, dez anos após o retorno de Thomas Ewbank aos Estados Unidos. Entretanto, artigos de sua autoria sobre a viagem foram veiculados

---

3   Para um trabalho sobre a visão do Brasil nos Estados Unidos, no século XIX, consultar: MATHORNE, Katherine. "O imaginário brasileiro para o público norte-americano do século XIX". *Revista USP*, São Paulo, 1995. Para dois trabalhos que discutem visões negativas sobre a América Latina, em geral, no século XIX, consultar: JUNQUEIRA, Mary Anne. *Ao Sul do Rio Grande: imaginando a América Latina em seleções: oeste, wilderness e fronteira (1942-1970)*. Bragança Paulista: Edusf, 2000 e BAITZ, Rafael. *Imagens da América Latina na revista National Geographic Magazine, 1895-1914*. Tese (doutorado) – Departamento de História, FFLCH-USP, São Paulo, 2004. Em sentido inverso, os latino-americanos também escreveram suas narrativas sobre países que visitaram. Ver: FRANCO, Stella Maris Scatena. *Peregrinas de outrora: viajantes latino-americanas no século XIX*. Florianópolis: Editora Mulheres, 2007.

4   Sobre distintas visões da natureza nas Américas, ver PRADO, Maria Ligia. "Natureza e identidade nacional nas Américas". In: *América Latina no século XIX: tramas, telas e textos*. São Paulo: Edusp, 1999.

na *Harper's Magazine,* importante revista de Nova York. Um primeiro artigo foi veiculado em 1853 e outros dois em 1855. Nos três, o autor destacou principalmente os temas do catolicismo e da escravidão no Brasil, ainda que, como já mencionamos, ele tenha conhecido apenas o Rio de Janeiro. Mencionar as inserções na *Harper's* é importante porque seu alcance era amplo, atingindo um grande número de pessoas.[5] Creio que tais artigos, somados ao livro posteriormente editado, ajudaram a difundir algumas imagens sobre o Brasil nos Estados Unidos que permaneceram, modificadas ou não, até os dias atuais no imaginário norte-americano.

Também foi possível notar a importância do relato de viagem de Ewbank como referência a outros viajantes do mesmo período, que elogiavam seu trabalho tanto por sua capacidade de observação quanto por sua "coragem" em escrever contundentes críticas dirigidas ao clero, à escravidão, à forma monárquica de governo e à aversão do brasileiro ao trabalho.[6]

---

5 Para maiores informações consulte: www.harpersmagazine.com e, para acessar exemplares antigos: www.cornelluniversity.org/americanstudies. Acesso em 10 out. 2007.

6 William Bate fornece alguns dados relevantes sobre a opinião de alguns viajantes norte-americanos sobre Thomas Ewbank. John Codman, por exemplo, escreveu *Ten Months in Brazil*, em 1867, e elogia Ewbank, considerando-o um "especialista" em arqueologia e mitologia comparada. Considero especialmente interessante a seguinte passagem em que Kidder e Fletcher, dois missionários protestantes e viajantes norte-americanos, citam Ewbank, e recomendam a leitura de seu livro àqueles que desejam saber sobre o lado sombrio do país: "Those who want to know how deep human nature can sink in moral degradation, monarchical imbecility, nopeless superstition, general ignorance, and political demoralisation, read Ewbank's book" ("Aqueles que querem saber o quão profundo a natureza humana pode cair na degradação moral, imbecilidade monárquica, superstição desesperada, ignorância geral e desmoralização política, leia o livro de Ewbank") – todas as traduções feitas neste livro são livres e de autoria própria.
Ver BATE, William Allen Jr. *The writings and public career of Thomas Ewbank, United States commissioner of patents, 1849-1852*. Tese (PhD) – George Washington University. Washington: 1979, p. 107-108 (mimeo).

A primeira tradução do relato de Ewbank no Brasil se deu apenas em 1973, 117 anos após a publicação nos Estados Unidos – pelas editoras Itatiaia/Edusp, seguido de uma segunda edição em 1976.[7] Todavia, tal fato não impediu que exemplares em inglês circulassem pelo país, pois essa obra, como pode ser observado nos livros de Gilberto Freyre e de Sérgio Buarque de Holanda,[8] vem sendo utilizada como fonte e referência para pesquisa e estudo da História do Brasil oitocentista muito antes de sua edição em português.

Nos Estados Unidos foi possível encontrar estudos de historiadores e antropólogos que utilizam os relatos de Ewbank como fonte e também algumas universidades norte-americanas que, na disciplina História do Brasil, utilizam o seu relato de viagem como parte da bibliografia indicada para o curso.[9]

Nesse livro, como já indiquei, é objetivo central a análise minuciosa das imagens e representações do Brasil produzidas por Thomas Ewbank a partir de sua visita ao Rio de Janeiro expressas em seu relato de viagem *Life in Brazil*. Nosso marco temporal, portanto, compreende o período entre 1846, quando aqui esteve, e 1856, ano em que publicou o relato de viagem. Nesse período de dez anos, Ewbank consolidou a sua concepção sobre a questão da "distribuição das raças

---

[7] EWBANK, Thomas. *A vida no Brasil; ou, diário de uma visita à terra do cacaueiro e das palmeiras*. Belo Horizonte: Itatiaia; São Paulo: Edusp, 1976.

[8] Ver HOLANDA, Sérgio Buarque. *Raízes do Brasil*. 26ª ed. São Paulo: Companhia das Letras, 1995, p. 151; FREYRE, Gilberto. *Casa-Grande & Senzala*. 8ª ed. Rio de Janeiro: José Olympio, 1954, p. 614, 712, 763; FREYRE, Gilberto. *Ordem e Progresso*. 2ª ed. Rio de Janeiro: José Olympio, 1962, 1° e 2° tomos, p. 35, 37, 527, 539, 696.

[9] Alguns desses casos podem ser econtrados nos seguintes sites: http://dl.lib.Brown.Edu/travelogues/patrico.html – "*Thomas Ewbank's depiction of cruelty to brasilian slaves*", by Ryan Patrico; http://retanet.unm.edu/article.pl "Resources for teaching about Americas"; http://dl.lib.brown.edu/travelogues/lambe.html, "*Modeling modern man: american sel-fashioning in nineteenth-century travel literature*". Acesso em: 10 nov. 2007.

no globo". Foi também o período em que ele publicou outros textos, alguns já citados, sobre o Brasil, os quais indicam o caminho que fez para chegar a determinada posição sobre alguns temas. Para tanto, buscamos primeiramente identificar quais ideias ou concepções de mundo estavam presentes no olhar deste viajante sobre o Brasil durante o Segundo Reinado a partir de *Life in Brazil*, mas também de outros escritos do autor.

Em primeiro lugar, este trabalho se justifica uma vez que no Brasil a ênfase de interesse concentra-se nos viajantes europeus e são poucos os estudos que elegem viagens e viajantes norte-americanos vindos ao país; em segundo, em virtude da relevância de *Life in Brazil* na construção das representações sobre o Brasil imperial nos Estados Unidos; em terceiro, em razão do relato ter sido utilizado desde o final do século XIX como fonte documental pelos historiadores. Buscamos, assim, compreender como e que tipo de imagens e representações sobre o Brasil foram gestadas neste texto, cuja veiculação pode ser analisada, como já dito, a partir da década de 1850, com artigos publicados em revistas, e posteriormente, com a edição do livro no ano de 1856.[10]

Num período em que os relatos de viagem constituíam-se como importantes fontes de informação sobre povos distantes, acreditamos que a obra desse autor bem como os artigos produzidos, ajudou a construir, difundir e a manter estereótipos sobre o Brasil que permanecem até os dias atuais, modificados ou não, no imaginário norte-americano.

---

10 Roger Chartier salienta a importância do papel das representações ao estudarmos as construções de imagens sobre o outro. Para esse autor, não podemos perder de vista o fato de que as mesmas não são discursos neutros, já que são sempre determinadas pelo discurso dos grupos sociais que as forjam. Sobre esse assunto ver: CHARTIER, Roger. *A história cultural: entre práticas e representações*. Lisboa: Difel; Rio de Janeiro: Bertrand Brasil, 1990.

SOBRE LITERATURA DE VIAGEM

A decisão tomada por D. João pela abertura dos portos brasileiros em 1808, segundo Karen Lisboa, trouxe a oportunidade de estrangeiros aqui aportarem e conhecerem o Brasil. Reiniciou-se então uma série de visitas ao país que reabriu suas portas a homens vindos das mais diversas regiões do mundo e com os mais diversos interesses pela região. Comerciantes, artistas, imigrantes, naturalistas, diplomatas, mercenários, educadores, marinheiros e missionários, muitos tornaram públicas as suas impressões sobre o Brasil através da publicação de seus diários de viagem.

Como bem observa Tzvetan Todorov, muitos relatos de viagem foram escritos por representantes do colonialismo, desdobrando-se em três modalidades: militar, comercial e espiritual, ou ainda, tratando-se de "exploradores que se colocavam a serviço de uma ou de outra dessas categorias".[11] Os representantes de qualquer um desses segmentos, segundo esse autor, apresentam uma postura comum: um olhar curioso e a segurança de saber-se superior em relação à cultura que observava. Para Todorov, esse sentimento de preeminência do europeu em relação às demais culturas permanece até os dias atuais. Atentos às formas de relações de poder indicadas por Todorov que se estabelecem no encontro entre duas culturas, acreditamos que Thomas Ewbank – em suas comparações explícitas e implícitas entre o Brasil e os Estados Unidos – buscou afirmar uma ideia de superioridade do país em que vivia em relação ao país que observou.

A denominação "relato de viagem" implica, de maneira geral, em uma narrativa pessoal que expressa impressões pessoais sobre a experiência da viagem. Todorov observa que, do ponto de vista dos leitores, o autor desse tipo de gênero literário deve narrar

---

11 TODOROV, Tzvetan. "A viagem e seu relato". *Revista de Letras da Unesp*, São Paulo, vol. 46, n. 1, 2006, p. 10.

"a descoberta dos outros – selvagens de regiões longínquas ou representantes de civilizações não europeias".[12] Esse autor exemplifica que, para o leitor europeu, uma viagem para um país como a França não configura um relato de viagem, pois a França não apresenta um modo de vida tão diferente do encontrado na Itália, por exemplo. Ou seja, faltaria um elemento que era implícito nos relatos de viagem, qual seja, o "sentimento de alteridade em relação aos seres (e as terras) evocados."[13]

Jam Borm, em texto recente, procura compreender esse tipo de fonte e mostra que os relatos de viagem são um corpo documental muito diferenciado entre si, visto que basta alguém se deslocar e escrever um texto para que este seja considerado um relato de viagem. Desse modo, ele sublinha a heterogeneidade que caracteriza o documento, elaborado, em geral, a partir de formas narrativas distintas como o discurso científico, indicando ao mesmo tempo elementos autobiográficos, podendo vir escrito na forma de cartas, de diário, entre outras. Ewbank por sua vez, produziu o relato em forma de diário, relatando o que via no Rio de Janeiro cotidianamente.

Durante o século XIX, uma quantidade expressiva de livros de viagem foi escrita sobre o Brasil. Em um livro referência sobre este tema, Miriam M. Leite afirma que esse tipo de literatura aparece em diversas formas: livros compactos ou muito extensos, em forma de romances, para adultos e para crianças, e até mesmo sob encomenda do governo brasileiro, com a finalidade de atrair imigrantes europeus.[14] Nas últimas décadas, uma leva de pesquisadores interessados na literatura de viagem trouxe novas discussões sobre esse tipo de documento. De "fonte fidedigna", o relato

---

12   *Ibidem*, p. 9.
13   *Ibidem*, p. 9.
14   LEITE, Miriam Moreira. *Livros de Viagem (1803-1900)*. Rio de Janeiro: Editora UFRJ, 1997, p. 11.

de viagem passou a ser visto como fonte privilegiada para análise das imagens e representações no campo da História.[15] No entanto, os trabalhos que foram elaborados tendo em vista essas fontes voltaram-se principalmente para os relatos de viajantes europeus. Pouco se estudou sobre os relatos produzidos especificamente por viajantes norte-americanos e tampouco se buscou verificar a existência de certas especificidades em seus discursos.

LITERATURA DE VIAGEM E CRÍTICA PÓS-COLONIAL

Para analisar o relato de Thomas Ewbank, foram importantes as reflexões de alguns autores que trabalham dentro do campo conhecido como estudos pós-coloniais, uma vez que estes vêm contribuindo para um melhor entendimento do fenômeno do imperialismo, das relações e conflitos entre Norte e Sul e das implicações próprias da globalização. Uma das características que particularizam o trabalho de alguns desses intelectuais é pensar as relações desiguais de poder através do prisma da política e da cultura.[16]

Edward Said, amplamente reconhecido como um dos "fundadores do campo dos estudos pós-coloniais", em seu livro *Cultura e Imperialismo* afirma que "os escritores estão profundamente ligados à história de suas sociedades, moldando e moldados por essa história e suas experiências sociais em diferentes graus".[17] O autor nos mostra que

---

15 Ver, por exemplo, a importante produção: VV.AA. *Revista da USP* (Dossiê o Brasil dos Viajantes), São Paulo, n. 30, 1996. Trabalhos mais recentes podem ser vistos em VV.AA. *Revista Brasileira de História* (Dossiê Viagens e Viajantes), São Paulo, Anpuh/Humanitas, vol.22, n. 44, 2002.

16 Para uma introdução do campo da crítica pós-colonial, ver: WILLIANS, Patrick e CHRISMAN, Laura, (org.). "Colonial discourse and post-colonial theory. A introduction". In: *Colonial discourse and post-colonial theory: a reader*. Nova York: Columbia University Press, 1994.

17 SAID, Edward W. *Cultura e Imperialismo*. São Paulo: Companhia das Letras, 1995, p. 23.

as produções literárias não estão desconectadas do contexto cultural, econômico e político em que seus autores estão imersos. Sendo assim, produções como os romances e a literatura de viagens reproduziram um determinado tipo de discurso que posicionou o homem europeu e também o norte-americano em determinadas situações, bem como o "seu mundo ocidental" e respectivos valores, como superiores em relação ao "resto" do mundo, delimitando assim o espaço doméstico e os outros lugares. Said demonstrou que a cultura não pode ser vista como algo separado da sociedade e da política.

Também ancorada em teorias formuladas no campo da crítica pós-colonial, em Mary Louise Pratt vemos que ao entrar em contato com *o outro*, o viajante, ao elaborar o seu discurso, apropria-se de aspectos da cultura que observa – a cultura, as falas, os costumes desse *outro*, constituindo dessa maneira o seu texto. Desta forma, o viajante não é um observador neutro.[18] Assim, seu discurso não é só a afirmação dos paradigmas científicos ou culturais europeus dos séculos XVIII e XIX, mas é também uma cunhagem, um encontro, um choque, e, portanto, a mutação desses paradigmas diante de um mundo, de um conjunto de dados que esses paradigmas não supunham. A autora trabalha com a ideia de *zona de contato* – lugar comum em que se dão os encontros entre os viajantes e os povos visitados, constituindo-se em "espaços sociais onde culturas díspares se encontram, se chocam, se entrelaçam uma com a outra, frequentemente em relações extremamente assimétricas de dominação e subordinação".[19]

Sobre esse aspecto, no entanto, veremos que a viagem realizada por Thomas Ewbank serviu mais para ele reforçar opiniões que já tinha sobre o Brasil e seus habitantes do que propriamente para construir uma imagem distinta daquela que já carregava consigo antes de aportar no

---

18 PRATT, Mary Louise. "Introdução: crítica na zona de contato". In: *Os olhos do império: relatos de viagem e transculturação*. São Paulo: Edusc, 1999.

19 *Ibidem*, p. 27.

país. Se houve mudanças na maneira com que Ewbank refletiu sobre o mundo, foi no sentido dele "comprovar" o baixo crédito atribuído ao Brasil e o lugar de destaque alcançado pelos Estados Unidos.

Por fim, acreditamos que o relato de Thomas Ewbank está inserido naquilo que Ricardo Salvatore, em seu livro *Imágenes de um Império*, chama de *máquina representacional*. Segundo esse autor, os estudos pós-coloniais permitiram pensar a América do Sul em outra chave e perceber que a região foi alvo do olhar norte-americano desde a primeira metade do século XIX. Para Salvatore, os Estados Unidos pretendiam, desde os seus primórdios, o estabelecimento de uma espécie de "império informal" na América do Sul. Para tanto, possibilitaram a criação de um conjunto de representações sobre a região que incluía imagens divulgadas em feiras e exposições universais, notícias e reportagens em jornais e revistas, relatos de viagem, exposições realizadas em importantes museus dos Estados Unidos e trabalhos missionários. Ressalta-se neste empreendimento o papel central da Academia norte-americana, que contribuiu significativamente nesse processo, endossando e divulgando imagens estereotipadas sobre a América do Sul.[20]

***

O capítulo 1 deste livro apresenta Thomas Ewbank ao leitor. As informações sobre a vida pessoal do autor são escassas e, por essa razão, foi preciso buscar indícios no interior de suas obras, em pesquisas em sites genealógicos, em contatos com algumas instituições dos Estados Unidos, e até mesmo com alguns de seus descendentes, para minimamente traçar a vida e a obra do viajante. Ainda assim, muito nos escapou, e nos restou, com base no material pesquisado, inferir sobre

---

20 SALVATORE, Ricardo D. "The enterprise of knowledge: representational machines of informal Empire". In: LEGRAND, Catharine C.; SALVATORE, Ricardo D. (orgs.). *Close encounters of Empire: writing the cultural history of. U.S. – Latin American relations*. Durham: Duke University Press, 1998, p. 81.

determinados aspectos de sua vida. No entanto, acreditamos que o que encontramos foi suficiente para desvelar as crenças que embasaram a escrita de *Life in Brazil*.

O capitulo 2 é decisivo para a compreensão do relato, pois apresenta o percurso intelectual do autor dentro de dois caminhos decisivos para compreender sua visão: o papel da nascente Etnologia e os ideais de progresso e "evolução humana" a ela interligados. Veremos que as discussões que circulavam no período dentro do campo de uma incipiente Etnologia estão presentes no relato, determinando as escolhas do viajante sobre determinados aspectos da sociedade brasileira. A forma como construiu suas percepções sobre o Brasil mostrou, assim, os estreitos vínculos do autor com a American Ethnological Society, instituição da qual foi um dos fundadores, onde esteve atuante em momento de grande fervilhar de ideias sobre a questão da distribuição das raças pelo globo.

No capítulo 3, destaco dois temas de grande interesse do viajante e sobre o qual dedicou muitas páginas do seu relato: a monarquia e a Igreja Católica, ambos vistos como impeditivos para a evolução da sociedade brasileira; por contraste, o viajante avaliava o regime republicano e as igrejas de denominação protestante dos Estados Unidos, como indicativos da "evolução" daquela sociedade.

No capítulo 4, discuto dois aspectos brasileiros avaliados por Thomas Ewbank considerados como indicadores da "evolução" das sociedades: o progresso e o incremento da técnica, que, na sua concepção, demonstravam o nível em que se encontrava o país visitado.

Dessa forma, pretendo mostrar ao leitor que *Life in Brazil* foi o produto de um homem que pensou o mundo sob o prisma da Ciência e da técnica e que, como tal, parece ter vindo ao Brasil não para conhecer, e sim, reconhecer algumas teorias que se desenvolviam nos Estados Unidos.

CAPÍTULO 1
Elementos da trajetória e vida de Thomas Ewbank

O primeiro aspecto a considerar sobre o trabalho de pesquisa que envolveu a recuperação da trajetória de Thomas Ewbank são as lacunas encontradas. Não foi fácil reconstituir a vida do homem que escreveu *Life in Brazil*. Inglês radicado nos Estados Unidos, ele ascendeu socialmente de aprendiz de manufaturas no seu país de origem ao cargo de Comissário de Patentes nos Estados Unidos, além de envolvido em outras tarefas oficiais do governo norte-americano. Talvez por isso o viajante tratasse o país que o acolheu de forma tão entusiástica, defendendo desde o seu regime de governo até o modo de vida e o "espaço alcançado pelo homem comum" naquele país. A identificação de Ewbank para com os princípios da República nos Estados Unidos era de tal ordem que ele se identificava mais com o país que o recebeu do que propriamente com a Inglaterra onde nasceu. Em muitos aspectos, Ewbank parecia mais norte-americano do que os próprios norte-americanos.

A reconstituição da vida de Ewbank foi feita através da comparação de verbetes encontrados aqui e ali, pequenas biografias etc.; mas, principalmente através de algumas considerações feitas pelo próprio autor, inferindo dados, fatos e informações esparsas a partir dos seus escritos. Mesmo o trabalho mais consistente encontrado sobre Ewbank, escrito pelo historiador norte-americano William Bate na década de 1970, não traz muitas informações sobre a vida do viajante, uma vez que ele se preocupou em discutir o interesse do autor pelo mundo da técnica.[1] Como veremos ao longo desse trabalho, não podemos fazer afirmações com respeito a vários aspectos da vida de Ewbank, embora tenha feito aproximações e deduções a partir dos dados encontrados.

Thomas Ewbank nasceu em Durham, Inglaterra, em 1792, e morreu em Nova York, em 1870. O volume 23 da revista *Scientific American*, publicada em outubro de 1870, cerca de um mês após sua morte, parece ter sido o primeiro a oferecer uma breve biografia do autor. Nele, destaca-se a imagem do letrado que ascendeu socialmente graças ao próprio esforço, "um estudante entusiasmado pelas ciências naturais e exatas, que alcançou distinção nesses assuntos".[2] Durante a pesquisa, como já mencionado, encontrei pequenos verbetes sobre Ewbank.[3] Neles, são relatados uma trajetória de vida semelhante à veiculada pela *Scientific American*. Em geral, esses excertos nos contam que aos 13 anos Ewbank trabalhou como aprendiz em uma manufatura de cobre e estanho em sua cidade natal.

---

1   BATE, William Allen Jr. *The writings and public career of Thomas Ewbank, United States commissioner of patents, 1849-1852*. Tese (PhD) – George Washington University. Washington: 1979 (mimeo).

2   Este volume encontra-se disponível no seguinte endereço eletrônico: <http://www.ipmall.info/hosted_resources/PatentHistory/posa23n.htm>. Acesso em: 12 jun. 2007.

3   Ver, por exemplo: DOBYNS, Kenneth W. *History of the United States Patent Office*. 1994. Disponível em: <http://www.myoutbox.net/popstart.htm>. Dobyns cita como fonte a *Scientific American* e reproduz a mesma trajetória de vida de Ewbank. Outros pequenos verbetes sobre o autor podem ser encontrados nos seguintes endereços eletrônicos: <http://chestofbooks.com/reference/American-Cyclopaedia-V7/Thomas-Ewbank.html>;<http://www.oxforddnb.com/index/101009013>. Acesso em: 02 fev. 2008.

Courtesy of the American History Division,
The New York Public Library,
Astor, Lenox and Tilden Foundations

Thomas Ewbank. Photograph and signature which appeared as the frontispiece in *North American Rock-Writing, and Other Aboriginal Modes of Recording and Transmitting Thought* which was privately printed in Morrisania, New York, in 1866.

Thomas Ewbank, 1866. American History Divison. The New York Public Library.

Aos 20 anos foi para Londres e empregou-se em uma fábrica de latas de conserva para carne. Suas economias eram destinadas à compra de livros e suas horas livres dedicadas à leitura. Durante esse período, Ewbank teria realizado um curso científico completo em Londres.[4]

---

4   Segundo Richard Olson, na primeira metade do século XIX, na Inglaterra, houve uma preocupação em difundir cursos científicos para um público mais amplo, incluindo a classe trabalhadora. Esses cursos procuravam oferecer conhecimentos mais aprofundados em Física, Química e, principalmente, Mecânica. Na década

Em 1819, aos 27 anos, já casado e com dois filhos, imigrou para os Estados Unidos sozinho e se estabeleceu como fabricante de canos de chumbo, estanho e cobre. Cerca de um ano depois, sua esposa e filhos aportaram em Nova York e ali a família fixou residência.

Thomas Ewbank não foi o único membro daquela família a imigrar. Pude constatar que os seus irmãos do sexo masculino fizeram o mesmo. Dois deles vieram ao Brasil e aqui se estabeleceram: o primeiro como comerciante e o segundo como oficial da Marinha. Um terceiro imigrou para Gibraltar e tornou-se também comerciante. Há ainda um quarto irmão que era carpinteiro e inicialmente prestava serviços à nobreza inglesa, depois também se dirigiu para os Estados Unidos. Nota-se que, em geral, foram bem-sucedidos e ocuparam posições de destaque nas sociedades que os acolheram.

William Bate produziu um estudo meticuloso, mas pouco crítico, sobre a carreira e produção intelectual de Thomas Ewbank.[5] Segundo ele, os seus primeiros escritos, produzidos entre 1823 e 1832, período em que ainda se dedicava à manufatura, trataram basicamente sobre mecânica e hidráulica, rendendo algumas publicações em revistas científicas e periódicos da época, principalmente nos jornais do Franklin Institute – instituição fundada em 1824, na Filadélfia, com o objetivo de promover as "artes mecânicas".[6] Ainda nessa épo-

---

de 1820, foi criada a Society for the Diffusion of Usefull Knowledge, que também publicava textos baratos sobre "conhecimentos úteis". Embora não tenha encontrado comprovação de que Thomas Ewbank tenha realizado de fato alguma formação científica, creio que a amplitude de conhecimentos sobre o tema, apresentada pelo autor em seus escritos, pode indicar uma possível participação em cursos como esses. Cf. OLSON, Richard G. *Science and scientism in nineteenth century Europe*. Illinois: University of Illinois Press, 2008, p. 170-175.

5   BATE, William Allen Jr. *Op. cit.*
6   No período que compreende a década de 1820 a 1830, Ewbank publicou os seguintes trabalhos: "Tinning sheet lead". *Washington Quarterly Magazine*, vol. 1, jul. 1823, p. 59-60; "Explosion of steam boilers". *Journal of the Franklin Institute*, 9 jun. 1832, p. 362-369; 10 jul. 1832, p. 2-9; 10 out. 1832, p. 226-232; "Observations

ca, podemos destacar um relatório de sua autoria bastante elogiado, a pedido do Franklin Institute, que solicitou sua ajuda para pensar mecanismos capazes de evitar as crescentes explosões em caldeiras a vapor. Segundo Bate, foram trabalhos como esses que o alçaram a outro patamar naquela sociedade e fizeram dele homem conhecido e respeitado no ambiente político e científico de sua época.[7]

Em 1836 Thomas Ewbank vendeu a sua pequena fábrica e, segundo consta, passou a dedicar-se ao estudo da Filosofia, da Etnologia, da Ciência e da História das Invenções. Não temos notícias de como o viajante manteve a sua família após a venda do negócio. No entanto, ao que parece, o tempo dedicado aos estudos frutificou durante a década de 1840. Em 1846, viajou ao Brasil, registrando cada detalhe da viagem em um diário, o qual analiso demoradamente neste livro. Ele fez a viagem às próprias custas, pois vinha visitar um dos seus irmãos que morava no Rio de Janeiro.

Thomas Ewbank morreu em 1870, de complicações renais, na cidade de Nova York, aos 78 anos de idade.

A FUNDAÇÃO DA AMERICAN ETHNOLOGICAL SOCIETY

Ewbank se caracterizou por ser um letrado do seu tempo, circulando pelas rodas cultas dos Estados Unidos e debatendo os temas candentes do período no campo das ciências, os quais lhe forneciam os parâmetros para opinar enfaticamente sobre a sociedade que adotara – a norte-americana – e a que visitou: o Brasil. Além da forte defesa que fazia do progresso das sociedades através do desenvolvimento das

---

on the explosion of the boilers of the steam-boat New England". *Journal of the Franklin Institute*, 13 maio 1834, p. 289-294; "On the seams, or joints, of steam boilers". *Journal of the Franklin Institute*, 13 jun. 1834, p. 361-363; "Account of the explosion of the boiler of the steamboat Wm. Gibbons". *Journal of the Franklin Institute*, 17 maio 1836, p. 298-302.

7   BATE, *op. cit*, p. 15.

máquinas e do estímulo à indústria, o autor também buscou compreender as "habilidades inerentes a cada raça que as habilitassem a progredir". Foi dessa forma que ele entrou no debate sobre as questões raciais no país, a ponto de ser um dos fundadores da American Ethnological Society, a AES. De acordo com seu histórico, disponível no site da Sociedade,[8] essa instituição é a mais antiga organização de estudos antropológicos dos Estados Unidos. Fundada em Nova York em 1842, tinha por objetivo a pesquisa no campo da Etnologia, que começava a se desenvolver naquele período. Apesar de seu nome não ser citado no site oficial da Sociedade, Thomas Ewbank figura, de acordo com o documento de constituição da AES, como um de seus membros fundadores.[9] Essa ausência no histórico disponível pelo site da instituição demonstra o quanto esse autor foi esquecido, muito embora, no período em que viveu, fosse reconhecido por sua produção no incentivo da técnica nos Estados Unidos, tornando-se um defensor entusiasmado do tema, versando a respeito dele e de questões relacionadas à Etnologia durante toda sua vida.

CARGO TÉCNICO OCUPADO POR EWBANK NO GOVERNO DOS ESTADOS UNIDOS

Thomas Ewbank é sempre citado com homem que ascendeu pelo próprio esforço; todavia, os bons relacionamentos certamente permitiram ao viajante construir uma carreira bem-sucedida nos Estados Unidos como fabricante, inventor e escritor. Tal inserção acabou lhe rendendo uma recompensa oficial: em 1849, dois anos após voltar da viagem ao Brasil, foi convidado pelo então presidente dos Estados Unidos, Zachary Thaylor (1849-1850), para assumir o cargo

---

8   Cf. www.aes.org.
9   Para maiores detalhes ver WILSON, James Grant. "Proceedings of the American Ethnological Society". In: *American Anthropologist*, New Series, Nova Yorque, v. 2, n. 4, Oct.- Dec. 1900, p. 785-796. Disponível em: www.jstor.org. Acesso em: 11/09/2007.

de Comissário de Patentes. Após aceitar o convite, mudou-se de Nova Yorque para a capital, Washington, e ali permaneceu por três anos encarregando-se da sua nova função. A nomeação para o cargo foi feita diretamente pelo então presidente. Ele escreveu ao Congresso dos Estados Unidos em 11 de maio de 1850, comunicando a nomeação feita por ele durante o recesso da instituição.[10] Tal fato já indicava que desde o início seu mandato seria polêmico, já que ninguém, exceto o presidente, havia participado dessa escolha, e num momento em que o distanciamento entre Norte e Sul se aprofundava.

Durante o período em que exerceu a função, Ewbank produziu três relatórios anuais minuciosos sobre a agricultura e as invenções mecânicas do país, colocando-se claramente como um incentivador da educação e da técnica, inclusive nos campos agrícolas. Em seus relatórios criticou a condição existente das nações cuja base econômica era a agricultura. Para ele, o governo norte-americano deveria possibilitar o desenvolvimento agrícola apenas para viabilizar o crescimento da indústria, colocando-a em um nível de desenvolvimento aceitável. A agricultura deveria estar a serviço da indústria e não o contrário. Tal perspectiva já indica a sua posição nos debates entre Norte e Sul nos Estados Unidos, que culminaram na Guerra Civil (1861-1865).

O autor defendia que os agricultores fossem corretamente instruídos, sob a alegação de que cinco milhões de pessoas estavam destruindo a terra porque não possuíam a devida instrução para cultivá-la de forma correta. Também alertou sobre a importância da preservação e do cultivo responsável do solo, fazendo constar em seu relatório anual uma discussão sobre a sua preservação.

Apesar de colocar a indústria em primeiro lugar, Ewbank, provavelmente procurando evitar maiores conflitos, procurou cercar-se

---

10 Documentação disponível na biblioteca do Congresso dos Estados Unidos. Disponível em: <http://memory.loc.gov/cgi-bin/query>. Acesso em: 11 set. 2007.

de especialistas no campo da agricultura. Sua escolha ao contratar o fazendeiro sulista Daniel Lee como assistente para elaboração dos relatórios agrícolas deveu-se à crença de que esses deveriam ser elaborados por um perito no assunto.[11] Em um de seus relatórios enfatizou a importância da química para o desenvolvimento da agricultura:

> a serva de todas as ciências, em poucos anos contribuiu amplamente para o desenvolvimento de recursos para a agricultura, e na maioria das escolas agrícolas em que foi estabelecido um competente conhecimento desse assunto, se fez também a base da educação. Essa conjunção da ciência com aquilo que supostamente requer pouco mais que o trabalho físico envolve de forma eminente a prosperidade atual e o futuro progresso das nações.[12]

Entusiasta da aplicação de insumos químicos na agricultura, os relatórios de Ewbank reiteravam sua constante preocupação em defender e demonstrar, na prática, a importância da ciência e da técnica como caminho para o crescimento e desenvolvimento do país. Nesses relatórios anuais ele buscava divulgar as "informações úteis" relacionadas a todos os aspectos da agricultura, para cada parte do país, de modo que a situação no interior dos Estados Unidos fosse melhorada a partir da técnica.

No entanto, suas primeiras dificuldades surgiram já com o seu primeiro relatório anual, devido às divisões entre Norte e Sul nos Estados Unidos. O texto gerou polêmicas, pois Horace Greeley, a

---

11 Cf. DONNELLY, Jonh V. "Gênesis: The birth of the FDA in the Pattent Office". Disponível em: <http://leda.law.harvard.edu/leda/data/341/donnelly.pdf Acesso em: 15 out. 2007>.

12 EWBANK, Thomas. *Report of the Commissioner of Patents for the year 1851: Part II*. Agriculture, H.R Exec. Doc., No 102, 32d Congress, 1st Sess. 1 (1852) *apud* DONNELLY, *op. cit.*, p. 12.

pedido de Thomas Ewbank, realizou uma espécie de introdução ao relatório. Figura conhecida e polêmica, Greeley era editor-chefe do *New York Tribune,* entusiasta da conquista e povoamento do Oeste e, o que era mais "grave", abolicionista afamado. Os sulistas entenderam a nova participação no relatório como um insulto.[13]

A atuação de Greeley, somada ao entusiasmo de Ewbank pelo avanço da técnica e da industrialização que crescia no Norte do país, bastou para ofender os políticos sulistas. O resultado foi uma série de críticas publicadas em jornais, cujo autor era o homem contratado pelo próprio Thomas Ewbank, Daniel Lee. Em defesa dos sulistas e obviamente em sua própria, esse último atacou Ewbank afirmando que o seu primeiro relatório apresentava tendências ateísticas, e que o "inglês radical" não valorizava a agricultura e os estados sulistas. Foi além, e o acusou de usar dinheiro público para postar respostas de tais acusações em jornais. Lee também o chamou de "chefe tirano e cientista fajuto". O jornal *The New York Times,* à época, manifestou-se em defesa de Ewbank, publicando um artigo que já havia saído no *New York Tribune,* o qual acusava Daniel Lee como responsável por difamar Ewbank através de

---

[13] POORE, Benjamin Perley. *Perley's Reminiscences of sixty years in the National Metropolis.* Philadelphia: Hubbard Brothers Publishers, 1886. Neste livro, o autor narra o fato como segue: "When Mr. Ewbank's report appeared the Southern Congressmen were (to quote the words used by Senator Jefferson Davis, in debate) amazed to find that it was preceded by what he termed 'an introduction by Horace Greeley, a philosopher and philanthropist of the strong abolition type'. 'The simple fact', he continued, 'that Mr. Greeley was employed to write the introduction is sufficient to damn the work with me, and render it worthless in my estimation.' This view was held by many other Southerners." (p. 378) ("Quando o relatório de Mr.Ewbank surgiu, os congressistas sulistas ficaram (para citar as palavras usadas pelo senador Jefferson Davis, no debate) espantados em achar que este era precedido pelo que ele definiu como 'uma introdução feita por Horace Greeley, um filósofo e filantropo de forte viés abolicionista'. 'O simples fato', ele continuou, 'de Mr. Greeley estar empregado em escrever a introdução é suficiente para condenar o trabalho comigo e torná-lo inútil em minha opinião. Essa visão foi defendida por muitos outros sulistas'"). Disponível em: <http://www.archive.org/details/perleysreminiscev1poor>. Acesso em: 8 maio 2008.

"colunas mentirosas" publicadas em jornais sulistas.[14] Quando finalmente Ewbank foi demitido do cargo, no final de 1852, o *Nova Yorque Times* afirmou que o fato ocorrera porque ele recusou-se a esbanjar dinheiro público em benefício de um "favorito" do presidente – agora Millard Fillmore (1850-1853)[15] – o conhecido Daniel Lee.[16]

Creio que esta experiência conturbada na política o marcou de forma importante, pois seus escritos posteriores revelam uma preocupação em refutar o seu ateísmo e em tornar clara a sua crença em Deus, como se pode notar no excerto abaixo, retirado das primeiras linhas de seu livro *The World a Workshop*:

> Não tenho conhecimento de um único sentimento nas páginas a seguir para o qual a maioria das mentes mais devotas possa excluir justamente, nem de um pensamento que não esteja em harmonia com o tom da mais profunda admiração pela obra de Deus, e com o mais puro sentimento de amor e reverência para com Ele; porém, ainda assim, assuntos da mesma natureza raramente são apresentados sem despertar a oposição de pessoas que imaginam a Arca da Verdade ameaçada pela enunciação de especulações e deduções na ciência que não estão in-

---

14 Cf. *The New York Times*. "Ewbank's assailants", publicado em 13 dez. 1852, p. 6. Disponível em: <http://query.nytimes.com/gst/abstract.html?res=9E04E5D8123 1E13BBC4B52DFB4678389649FDE>. Acesso em: 13 mar. 2008.

15 Millard Fillmore era vice-presidente durante o mandato de Zachary Taylor. Ele assumiu após Taylor morrer em 1850. Fillmore apoiou a causa sulista ao indicar que não colocaria obstáculos para que os territórios anexados, ao fim da Guerra com o México, se tornassem estados escravocratas. Zachary Taylor e Thomas Ewbank manifestavam posição contrária à de Fillmore.

16 Cf. *The New York Times*. "The removal of Mr. Ewbank", 11 dez. 1852, p. 2. Disponível em: <http://query.nytimes.com/gst/abstract.html?res=9804E5DC14 38E334BC4952DFB4678389649FDE>. Acesso em: 17 mar. 2008.

cluídos nos seus credos, e essas pessoas, em tais ocasiões, erguem suas mãos para defender isso [...][17]

PARTICIPAÇÃO DE EWBANK EM VIAGENS E RELATÓRIOS CIENTÍFICOS DO GOVERNO

A inserção de Thomas Ewbank nos meios científicos dos Estados Unidos permitiu que fosse convidado a participar de uma viagem exploratória pelo interior do país e a ajudar a compor relatos de viagem realizados por outros. Nos três relatórios citados a seguir, o seu trabalho se circunscreveu a descrever e a analisar objetos indígenas, indicando a capacidade de determinado grupo de construir objetos.

O autor foi indicado para escrever um dos apêndices do relato de uma viagem realizada entre 1849 e 1852, pelo astrônomo e oficial da U. S. Navy James Melville Gilliss, à América do Sul, mais precisamente ao Chile, com o objetivo de instalar ali um Observatório Astronômico. Os viajantes permaneceram na região por quatro anos, visitando também Peru e Argentina. Ewbank foi encarregado de descrever e analisar objetos coletados pela expedição sobre os indígenas dos Andes, particularmente do período inca.[18] No caso de viagens científicas, era comum que um cientista ou especialista em determinada área analisasse o material coletado sem conhecer o lugar visitado pelo viajante.

Em 1853, Ewbank fez parte da expedição exploratória comandada pelo *War Departament* (Departamento de Guerra) – o Exército dos Estados Unidos – com o objetivo de mapear a região do Mississippi,

---

17 EWBANK, Thomas. *The world a workshop: or, the physical relationship of man to the earth*. Nova Yorque: Appleton & Company, 1855. p. v.

18 Cf. *Idem*. "Apêndice E – A description of indian antiquities brought from Chile and Peru, by the United States Naval Astronomical Expedition". In: GILLIS, James Melville. *U. S. naval astronomical expedition to the southern hemisphere during years 1849, 50, 51, 52*. Vol. II. Washington: A.O.P. Nicholson Printer, 1855, p. 111-150.

a fim de encontrar rotas viáveis para a instalação de linhas férreas que alcançassem o Pacífico. Tal iniciativa visava integrar os territórios recém-anexados ao fim da Guerra com o México. Além disso, como se pode notar no relatório de Ewbank, eles também descreveram e coletaram informações sobre a população nativa dos territórios anexados pelo país, o que permitiu elaborar estratégias e medidas a serem tomadas em relação a essas terras, bem como em relação aos povos que nelas habitavam.[19]

Em 1854, Ewbank foi um dos convidados a contribuir no livro do Bureau of Indian Affairs, elaborado por Henry Schoolcraft – importante membro da American Ethnological Society e também agente indígena de reputação –, exatamente sobre objetos recolhidos de vários grupos indígenas no interior do país.[20]

PUBLICAÇÕES DE THOMAS EWBANK

Como vimos, até a década de 1850 os escritos de Ewbank trataram de temas relacionados à mecânica e à técnica.[21] Em 1842, o autor publicou o livro *A descriptive and historical account of hydraulic and other machines for raising water*, que desfrutou de relativo sucesso e deu a Ewbank reconhecimento científico dentro e fora dos Estados Unidos. Até 1876, 16 edições desse trabalho já haviam sido publicadas. O livro ofereceu detalhes sobre o desenvolvimento tecnológico de

---

19 Cf. WHIPPLE, W.; EWBANK, Thomas; TURNER, Wm. W. *Report upon the indian tribes*. In *Explorations and surveys for a railroad route from the Mississippi river to the Pacific Ocean*. Washington, D.C.: War Department, 1855, p. 43-53.

20 Esse trabalho foi composto por 12 volumes, contendo as mais variadas informações sobre diferentes grupos indígenas. Thomas Ewbank contribuiu no quarto volume da coleção. Cf. EWBANK, Thomas. "State of indian art". In: *Ethnological researches, respecting the red man of America*. Vol. 4. Filadelfia: Linppincott, Grambo & Company, 1854, p. 438-458.

21 Entre os anos de 1840 e 1850, Ewbank publicou cerca de oito artigos em jornais e revistas científicas e um livro, além de seu primeiro relatório como Comissário de Patentes.

equipamentos mecânicos e hidráulicos, demonstrando sua evolução da Antiguidade até o momento em que o autor escreveu. O prefácio desse livro foi particularmente importante para essa pesquisa, pois indicou o lugar de destaque que atribuía à técnica no desenvolvimento da civilização, bem como a importância dada aos "mecânicos inventivos", como se pode notar nos excertos abaixo:

> As ciências e as artes estão renovando a constituição da sociedade. O destino das Nações não pode ir muito longe se abraçado por políticos jogadores, ricos ignorantes, nobres grosseiros e fantoches Reais; esses, já não sustentados por subsídios artificiais, devem descer a seu próprio nível. Teorias governamentais não se oporão à natureza e serão jogadas fora na violação de suas leis; mas a ciência prática será o princípio regrador; e os filósofos práticos serão, como Deus designou que seriam, os espíritos mestres do mundo.[22]

Ou ainda:

> Poucas classes têm uma carreira mais honrosa do que a dos mecânicos inteligentes. Certamente nenhuma tem melhores oportunidades de aproximar seus nomes com aqueles dos melhores de sua espécie. A ciência e as artes abrem os caminhos para a verdadeira glória; e os maiores triunfos podem ser alcançados em ambas. O trabalho duro do homem ainda não foi dispensado, mas certamente será substituído, em grande medida, se não totalmente, por forças derivadas da natureza

---

22 EWBANK, Thomas. *A descriptive and historical account of hydraulic and other machines for raising water, ancient and modern*. Nova Yorque: D. Appleton and Company, 1842, p. VI.

inanimada. [...] Nenhuma fama é mais certa, ou mais durável, do que a que surge de invenções úteis.[23]

Ewbank era um entusiasta do progresso e enxergava na técnica e na capacidade inventiva dos homens o caminho para o crescente "bem-estar da população". Esse fascínio pelas "artes úteis" – termo muito utilizado por ele – o acompanhou por toda a vida e sustentou sua crença de que as máquinas representavam o caminho para a promoção de sociedades mais justas e civilizadas. Nesse livro foi possível também notar um rancor para com os regimes monárquicos, bem como para com "políticos jogadores" ou "ricos ignorantes", pois que todos esses muitas vezes se enriqueciam à custa de mecânicos inventivos. Ewbank defendia o "homem comum" que trabalhava com as mãos e alcançava determinado lugar na sociedade, sempre se utilizando da técnica e da inventividade. O autor também sugeriu que a máquina agiria como instrumento de reforma social, tema que seria amplamente desenvolvido por ele em produções posteriores.

Em 1844, Ewbank publicou *The Spoon*,[24] no qual se evidenciou novamente a reverência do autor para com aqueles que se dedicaram às invenções ou às "artes úteis". A partir da história da invenção da colher, tentou demonstrar como pequenas invenções – cujos autores eram homens comuns e modestos – foram capazes de modificar uma sociedade.[25]

No final de década de 1840 Ewbank produziu dois artigos: Artist of the ideal and the real; or, poets and inventors – revival of a old mode of carving,[26] tentativa de forjar uma nova definição de arte, elevando

---

23 *Ibidem*, p. VII.
24 Ewbank utilizou um pseudônimo na publicação deste trabalho: HABAKKUK, O. Westman. *The Spoon, with upwards of one hundred illustrations, primitive, egyptian, roman, medieval, and modern*. Nova Yorque: Harper and Brothers, 1844.
25 BATE, *op. cit.*, p. 22.
26 EWBANK, Thomas. "Artists of the ideal and the real; or, poets and inventors

as "invenções úteis" à categoria de "arte real", publicado pela revista *Scientific American*; e "On the paddles of steamers",[27] publicado no jornal produzido pelo Franklin Institute, que analisava as variadas formas de lâminas de hélice para barcos. Seus escritos indicam que, no período em que o autor esteve no Brasil, um dos fortes componentes de sua visão de mundo era justamente esse fascínio pela técnica como caminho para o progresso. Seu respeito pelos mecânicos e a importância que atribuía ao trabalho também se manifestam claramente em seu relato de viagem. Afora isto, nota-se uma postura voltada para investigação que, como veremos adiante, estava fortemente vinculada aos preceitos da AES.

Ao analisar os escritos de Thomas Ewbank, é possível notar que até a década de 1840, esses se aproximavam mais de temas relacionados à mecânica e à história das invenções. A partir de 1850, embora o autor continuasse a escrever sobre mecânica e temas afins, passaram a predominar os textos de cunho etnológico.[28] Após desligar-se do escritório de Patentes, Ewbank retomou alguns projetos relacionados à Etnologia. Em 1855, publicou o livro *The world a workshop: or, the physical relationship of man to the earth,* já citado. Bem aos moldes da sua época, o autor discutiu a relação do homem com seu ambiente e afirmou que tudo o que podia ser desenvolvido ou criado encontrava-se de forma primária na natureza. Exemplificando, Ewbank afirmava que havia o trigo, mas que foi preciso manipular o grão e aprender a fazer o pão. Da mesma forma, encontramos na natureza os metais, que precisaram ser transformados pelas mãos humanas para atender

---

– revival an Old mode of carving." *Scientific American*, n. 4, dez. 1848, p. 107.

27 Idem. "On the paddles of steamers – their figure, dip, thickness, material, number & C." *Journal of the Franklin Intitute*, 3rd series, 27 jan. 1849, p. 42-50; 27 fev. 1849, p. 107-114.

28 A partir de 1850, até o final da década de 1860, Ewbank publicou cerca de oito livros ou panfletos, dez artigos, dois relatórios anuais como Comissário de Patentes e contribuiu em quatro relatórios de expedições científicas norte-americanas.

às suas necessidades. Desse modo, o autor sustentava que tínhamos como função primordial o trabalho: a única forma de elevar o homem a um estado "civilizacional mais avançado".

Em *The world a workshop*, também analisou a ideia de raça e o papel de cada uma delas no globo, relacionando-as ao ambiente em que viviam e ao seu grau de desenvolvimento. Seu posicionamento em relação ao negro se tornou bastante claro: o via como raça inferior. O convívio com o homem branco, atuando como seu subordinado (mas não necessariamente como escravo), poderia ajudá-lo a evoluir. O autor acreditava que Deus havia feito o homem desigual por uma razão: era necessária a diversidade e a gradação – resultando em diferentes níveis de intelectos – para que cada raça estivesse apta a um determinado tipo de trabalho.[29] *The world a workshop* foi publicado um ano antes de *Life in Brazil*, e certamente a viagem ao país tropical realizada em 1846 o ajudou a refletir sobre o tema da distribuição das raças sobre o globo. Assim, já aparece nesta primeira publicação o desenvolvimento das ideias sobre raça e clima, que foram pontuadas em *Life in Brazil* e que se mostraram determinantes no prognóstico que o autor fez sobre o país e seus habitantes.

Uma publicação da autoria de Ewbank que causou grande repercussão na década de 1860 foi o panfleto *Inorganic forces ordained to supersed human slavery*.[30] Escrito no início da Guerra de Secessão, o texto discutia o tema da escravidão e propunha caminhos para amenizar ou mesmo pôr fim ao trabalho escravo. De forma mais enfática que no livro *The world a workshop*, o autor discutiu e argumentou sobre a questão do trabalho escravo, desenvolvendo a sua opinião sobre o negro e seu lugar no mundo. Em *Life in Brazil*, veremos que o negro foi amplamente observado pelo autor, e a forma como era

---

29   EWBANK, Thomas. *The world as workshop*, op. cit., p. 128.
30   Idem. *Inorganic forces ordained to supersede human slavery.* Nova Yorque: William Everdell & Sons, 1860.

tratado por seus senhores e pela sociedade carioca também foi minuciosamente descrita. Por essa razão, a descoberta desse panfleto e sua análise foram de grande importância para compreender a visão do viajante sobre o tema, merecendo, portanto, comentários mais demorados adiante.

Foi esse homem, atuante no campo da Etnologia, mas também voltado para a importância da técnica e para a prática, que escreveu um dos mais conhecidos relatos de viagem sobre o Brasil, muito utilizado inclusive pelos historiadores que se valeram e se valem das suas referências, dados e descrições sobre o país para recuperar a sociedade local na primeira metade do século XIX.

A VIAGEM AO BRASIL E OS IMPRESSOS SOBRE O TEMA

Embora a viagem ao Brasil tenha sido realizada em 1846, foi somente na década de 1850 que as primeiras publicações de Thomas Ewbank sobre o tema começaram a surgir. Três anos antes da publicação de *Life in Brazil*, apareceram os primeiros textos do autor sobre o país no formato de artigos e publicados na conhecida revista *Harper's Magazine*. Lançada em 1850 em Nova York, a revista vendeu rapidamente em sua primeira edição cerca de 7.500 exemplares. Seis meses depois, já estava consolidada no mercado e alcançava o número de 50 mil exemplares vendidos. Publicada até os dias atuais, trata-se da segunda mais antiga revista mensal norte-americana ainda em circulação.[31] *Life in Brazil*, como a *Harper's Magazine*, foi publicado pela editora da revista, a *Harper's & Brothers*. Infelizmente, no correr da pesquisa não foi possível encontrar o número de exemplares editados

---

31 Para maiores informações consulte: <www.harpersmagazine.com> e, para acessar exemplares antigos: <www.cornelluniversity.org/americanstudies>. Acesso em 10 out. 2007.

de *Life in Brazil*.[32] Além dos artigos aqui analisados, outras revistas do período publicaram sobre a viagem de Ewbank.[33]

Procurei comparar os artigos veiculados na *Harper's* com o livro *Life in Brazil* e busquei identificar os temas eleitos pelo autor para a produção do material impresso na revista, bem como a forma com que escolheu representar o país, já que a revista, por seu número expressivo de tiragem, deve ter ajudado a difundir determinadas imagens do Brasil nos Estados Unidos.

Em uma primeira comparação entre o livro e os artigos, vimos a existência de diferenças entre ambos. Nota-se na produção dos artigos uma espécie de apanhado de alguns temas que viriam a compor o livro.[34] Também foi possível observar que, no artigo, o autor substituiu algumas palavras, como, por exemplo, o termo "*lepdopter*" (inseto da família das mariposas e borboletas) por "*insect*" (inseto). Creio que a mudança para um termo mais simples na revista buscasse adaptar o texto para atingir um público mais amplo, não familiarizado com termos mais científicos. Como veremos adiante, o autor utilizava exemplos da natureza, em especial da transformação dos insetos, para se referir às "evoluções das raças humanas".

Ewbank, provavelmente devido à construção que realizou, juntando cenas que registrou em momentos diferentes ao longo de sua estada no Rio de Janeiro, não colocou datas precedendo a narração

---

32   A Harper's & Brothers existe também ainda hoje. Entrei em contato com a editora, solicitando tais informações, e me foi respondido que eles não tinham mais os dados do livro, porque haviam perdido os direitos sobre ele.

33   Em cidades como Washington e Filadélfia, algumas revistas também publicaram artigos sobre a narrativa de viagem deste autor. Foi possível encontrar as seguintes publicações, a partir do site da Cornell University: "Review of life in Brazil". *Graham's Magazine*, maio 1856; "Review of Life in Brazil". *Knickerbocker Magazine*, maio 1856 e "Life in Brazil". *Littell's Living Age*, out 1863.

34   Em diversos materiais biográficos sobre Ewbank, é mencionado o fato de ele estar preparando o livro quando foi convidado para o Cargo de Comissário de Patentes. Inclusive, em *Life in Brazil*, o próprio autor faz esta afirmação.

de cada episódio, como fez no livro. Também não há nos artigos as passagens de cunho mais pessoal envolvendo histórias relacionadas à sua família.

No primeiro artigo, Visit to the land of the cocoa and the palm, publicado em 1853,[35] o autor relatou o início da viagem, as cenas sobre a escravidão e os negros do Rio de Janeiro. As últimas páginas contemplaram as superstições católicas, com imagens de ex-votos, altares e caixas de esmolas e também a malhação de Judas. Embora o autor tenha publicado algumas imagens dos ex-votos encontrados nas sacristias, a imagem impressa na revista não aparece em *Life in Brazil*. Comparando a mesma com as imagens contidas no livro, a publicada na revista, impressa em tamanho considerável, pareceu-me mais impressionante que a do livro.

Malhação de Judas[36]

---

35 EWBANK, Thomas. "Visit to the land of the cocoa and palm". *Harper's New Monthly Magazine*. n. XLII, vol. 7, nov. 1853, p. 723-746.
36 Idem. *Life in Brazil*, op. cit., p. 234. A mesma imagem foi impressa na revista.

Pode-se imaginar a recepção do público norte-americano diante de cenas que expunham pés, braços, pernas, troncos e cabeças feitas com cera e penduradas como quadros nas sacristias das igrejas, como também uma pequena multidão que se dispunha a espancar um boneco de pano em praça pública. E pode-se supor que Ewbank sabia que esse tipo de narrativa "exuberante" atrairia a atenção de seus leitores. Provavelmente, para os não católicos tais imagens representaram um povo cujos costumes eram primitivos, para não dizer bizarros.

Há também cenas retratando aspectos culturais encontrados na cidade. O autor descreveu o entrudo e suas brincadeiras, os arsenais de guerra dos museus e, neles, as cabeças de índios empalhadas; estas imagens também não são impressas no livro, mas aparecem na revista. Diante da variedade de temas, podemos concluir que o autor buscou oferecer um apanhado geral do Brasil, ainda que estivesse, como nós sabemos, retratando exclusivamente o Rio de Janeiro.

O segundo artigo, Sketches in Brazil, publicado em 1855,[37] também privilegiou passagens relacionadas à religião católica. Rico em imagens de igrejas, festas religiosas e negros, esse artigo, assim como o primeiro, demonstrou ser um resumo daquilo que posteriormente apareceria no relato de viagem. Nele, descreveu um leilão realizado na Igreja de Santa Rita, observando a inabilidade do leiloeiro em realizar sua tarefa. Ewbank prosseguiu com a exemplificação dos ritos religiosos que também estão descritos no livro, porém em ordens diferentes de apresentação. Imagens de padres de aparência sombria, homens vestidos de palhaço sob pernas de pau entretendo o público em festejos religiosos e toda uma encenação das procissões católicas são detalhadas, com especial atenção às "cenas mais pitorescas".

---

[37] Idem. "Sketches in Brazil". *Harper's New Monthly Magazine*, vol. 10, maio 1855, p. 721-735.

Imagem da Igreja de Santa Rita, cercada de escravos.[38]

Um mês após a segunda publicação, a *Harper's* lançou um terceiro artigo, também intitulado Sketches in Brazil,[39] no qual comentou sobre a Santa Casa de Misericórdia. Vemos aqui um dos raros momentos em que o autor elogiou uma instituição católica. Comparando artigo e livro, vemos uma diferença na forma de apresentação, mas ambos afirmam ser esta instituição um modelo de "genuíno catolicismo", uma casa que atendia a todos, independente de cor, raça ou credo. O autor seguiu com um grande desenho da tão famosa "roda dos expostos", local onde as mulheres deixavam seus filhos para adoção de forma anônima, aos cuidados das freiras, que mantinham no hospital um asilo para os enjeitados.

---

38 EWBANK, Thomas. *op. cit.*, p. 312.
39 *Idem.* "Sketches in Brazil". *Harper's New Monthly Magazine*, vol. 11, jun. 1855.

Roda dos expostos da Santa Casa de Misericórdia[40]

Figura de um religioso católico em procissão[41]

Embora tenha buscado oferecer um panorama geral da vida cotidiana no Brasil, nos artigos da *Harper's Magazine* prevaleceu uma narrativa que privilegiou elementos relacionados à religião, demonstrando ser esse um dos temas de seu interesse e, provavelmente, de

40   Ibidem, p. 34.
41   Idem. "Sketches in Brazil". *Harper's New Monthly Magazine*, vol. 10, maio 1855, p. 732.

parte do público norte-americano, o qual concentrava protestantes de Igrejas diversas. De uma forma geral, creio que esses artigos, tal como o relato *Life in Brazil*, ajudaram a constituir uma imagem do Brasil como o lugar do atraso e da superstição religiosa, dentre outros aspectos, que se traduziu em práticas e hábitos primitivos e, portanto, não civilizados.

Além dos artigos acima, pude encontrar em outras publicações do período algumas resenhas que apresentavam *Life in Brazil*. A crítica feita ao livro é particularmente interessante. Se há indicações, devido aos artigos da revista, de que havia interesse de um público norte-americano pelos aspectos religiosos do Brasil, por outro lado, o autor criticou a forma como Ewbank escreveu o relato de viagem. Faltaram no livro, segundo ele, os elementos peculiares que parte do público apreciava:

> O Sr. Ewbank, cujos esboços sobre o Brasil estão diante de nós, não é um escritor muito fluente nem elegante, embora seja um observador atento e um homem de senso. Seu volume é instrutivo, por consequência, mas não é fascinante. Narra as particularidades de uma visita ao Rio, em 1845, com fidelidade, oferecendo-nos fatos muito interessantes quanto aos modos, comércio e superstições do povo, e argumentando sabiamente sobre as causas de sua condição política e social; mas nós não encontramos em seu estilo qualquer tonalidade ou cor peculiar que gostamos de ver em um livro sobre os trópicos. Essa natureza brilhante parece nunca ter elevado o escritor dentro da poesia, nem o seduziu para fora de seu frio hábito prático de homem da ciência.[42]

---

42 "Editorial Notes – Literature: Ewbank's Sketches of Brazil". *Putnam's Montly Magazine of American Literature, Science and Art*, vol. 7, n. 40, abr. 1856, p. 436-7. Disponível em: <http://digital.library.cornell.edu>. Acesso em: 2 mar. 2007.

O excerto acima nos leva a pensar que, embora Ewbank estivesse ajudando a veicular uma imagem negativa do Brasil nos Estados Unidos, outra parte do público leitor norte-americano da metade do século XIX esperava também narrativas de viagem sobre os trópicos que lhes apresentassem boas doses de aventura, além do contato com a natureza exuberante e exótica, conferindo assim a "tonalidade" e a "cor" que desejavam encontrar.

Se a resenha acima representa uma parte considerável da opinião dos leitores comuns, podemos então inferir que já havia uma imagem do Brasil nos Estados Unidos, relacionada aos ambientes tropicais e a sua natureza luxuriante e indomada, imagem essa a que Thomas Ewbank não correspondeu completamente. Talvez, consciente dessa tendência, tenha se esforçado em tornar a narrativa mais atraente para um público mais amplo nos artigos impressos em revistas antes de publicar o livro. O grande número de imagens nos artigos, bem como a preocupação em utilizar uma linguagem mais simples, pode ser um indicativo de tal preocupação. Como já indicado, *Life in Brazil* foi publicado, assim como seus primeiros artigos sobre o Brasil, pela mesma editora – a Harper & Brother's. A publicação de trechos do relato em suas revistas pode ter sido uma "estratégia comercial" da editora, que, ao comprovar uma boa recepção da escrita do autor sobre o Brasil em suas revistas, decidiu publicar o livro.

CAPÍTULO 2
O papel da Etnologia norte-americana na construção de imagens e prognósticos sobre o Brasil e os brasileiros nos escritos de Thomas Ewbank

> O mundo é ainda "uma escola desigual". Das raças e nações que compõem as suas classes, poucas passam do livro primário de conhecimento; e é certo que nunca poderão frequentar da mesma forma a religião e, mais ainda, as artes, ciências e política civil. O dogma da uniformidade é contrário à lei orgânica da diversidade.[1]
>
> Thomas Ewbank

Life in Brazil mostrou-se impregnado pelas concepções de mundo relacionadas ao debate no campo ainda incipiente da Etnologia, no qual se discutia a "origem do homem" e o "lugar de determinadas raças em seus respectivos ambientes geográficos". Neste capítulo pretendo discutir e demonstrar a influência dessas concepções na escrita do relato, implicando em construções de imagens e representações de um Brasil que, por uma somatória de características negativas, estaria condenado a um desenvolvimento lento e sempre inferior em relação a alguns países da Europa e dos Estados Unidos.

Desde tempos remotos, as narrativas de viagem alcançaram enorme relevância como veículos de informação sobre terras distantes. Os

---

[1] EWBANK, Thomas. *Life in Brazil, or; a journal of a visit to the land of the cocoa and the palm*. New York: Adamant Media Corporation, 2005, p. VII.

relatos de viajantes dos séculos XVIII e XIX – muitos deles com descrições detalhadas sobre a fauna, flora, a cultura e a população local – ofereceram subsídios para que pensadores refletissem a respeito do mundo e desenvolvessem teorias e classificações sobre o gênero humano, com base no questionamento acerca da existência ou não do que consideravam "características humanas universais". Como afirma Joan Pau Rubiés:

> O impulso etnográfico europeu foi o produto de uma combinação única de expansão colonial e transformação intelectual. Embora o surgimento de um discurso acadêmico baseado na comparação, classificação e linhagem histórica chamada Etnologia seja um fenômeno do século 19, na realidade tanto a Etnografia quanto a Etnologia existiram dentro de disciplinas humanísticas da recém-moderna Europa nas formas primárias de escritos de viagem, Cosmografia e História, que informaram frequentemente debates específicos – sobre as capacidades e origens dos índios americanos, a definição de "homem natural", a influência do clima nas características nacionais, ou a existência de estágios na história da civilização. Por trás do crescimento dos escritos de viagem, tanto a Etnografia como a Etnologia foram, de fato, cruciais para o projeto iluminista de uma Ciência da história mundial do gênero humano.[2]

Como vimos, Ewbank poderia ser definido como um "homem prático", que acreditava no progresso da civilização pela capacidade de cada sociedade produzir determinadas técnicas ou "artes úteis". Para tanto, era necessário avaliar como cada uma delas poderia evoluir

---

2   RUBIÉS, Joan Pau. "Travel writing and ethnography". In: HULME, Peter & YOUNGS, Tim (orgs.). *The Cambridge Companion to travel writing*. Cambridge: Cambridge University Press, 2002, p. 242-43.

e, indo além, considerar o porquê de determinadas sociedades permanecerem estagnadas. Seus vínculos com a American Ethnological Society[3] se mostraram claros quando Ewbank, logo nos primeiros dias no Rio de Janeiro, visitou o Instituto Histórico e Geográfico Brasileiro (IHGB). O autor, na qualidade de representante da AES, procurou o Instituto, pois lhe foi atribuída a incumbência de entregar aos responsáveis uma carta da instituição norte-americana propondo parceria entre as duas organizações, no intuito de trocarem informações sobre os estudos etnológicos realizados nas Américas.[4] O fato de ser um dos fundadores da AES, aliado à informação de ter sido ele designado para mediar um contato com o IHGB, autoriza-nos a considerar que seu olhar de viajante foi influenciado pelas ideias sobre raça e clima amplamente discutidas na American Ethnological Society. Ademais, como afirma Eneida Sela, a profissão do viajante é de extrema importância e deve ser levada em consideração ao analisarmos sua escrita, pois a mesma "não só direcionava as lentes de observação dos visitantes mas, antes, motivava a própria viagem".[5] Embora saibamos que, como um homem do século XIX, Ewbank não exerceu apenas uma profissão, como era próprio do seu tempo, quando os campos do saber não eram definidos como os atuais pois não apresentavam a especialização com a qual convivemos.

---

3 Serão utilizados tanto o nome completo, American Ethnological Society, quanto a sigla AES.

4 A troca de correspondências entre as duas instituições encontra-se disponível no Instituto Histórico e Geográfico Brasileiro (IHGB) e muitas estão transcritas em suas revistas. Ver: *RIHGB*, vol. 8, 1846, p. 152-156.

5 SELA, E. M. M. *Modos de ser em modos de ver: ciência e estética em registros de africanos por viajantes europeus (Rio de Janeiro – 1808-1850)*. Tese (doutorado em História) – Instituto de Filosofia e Ciências Humanas, Unicamp, Campinas, 2006, p. 14. Para um trabalho que aborda a ciência e o romantismo do século XIX, cf.: NAXARA, Márcia R. C. *Cientificismo e sensibilidade romântica: em busca de um sentido explicativo para o Brasil no século XIX*. Brasília: Ed. UnB, 2004.

Escrito sob a forma de diário, *Life in Brazil* compreende uma ampla narrativa sobre a vida cotidiana do Rio de Janeiro. O autor, ao mesmo tempo em que descreveu, refletiu sobre tudo o que viu, buscando explicações – ora na História, ora na Providência Divina e ora na Ciência – para a conformação do mundo e para a diferente e "atrasada" realidade social com a qual se defrontava. Com base no estudo mais aprofundado do debate que envolvia o campo da Etnologia nos Estados Unidos, ficou evidente a sua influência na forma como o autor descreveu e construiu prognósticos sobre o Brasil pautados exclusivamente em sua visita ao Rio de Janeiro. Neste capítulo, pretendo demonstrar que os debates e teorias sobre a origem do homem – que ajudaram a delinear os contornos do campo da Etnologia nos Estados Unidos – encontram-se de forma explícita e implícita nos escritos de Thomas Ewbank, e como tais concepções influenciaram o processo de construção de imagens sobre o Brasil e os brasileiros.

OS PRIMÓRDIOS DA ETNOLOGIA NOS ESTADOS UNIDOS

Desde o século XVIII, os estudos sobre o homem no Ocidente buscaram compreender o lugar deste na natureza e, para tanto, discutiu-se acaloradamente sobre as suas origens. George Stocking afirma que os crescentes problemas antropológicos que envolviam a questão das origens dos homens ao longo do século XIX, foram alimentados, entre outros aspectos, pelo crescente número de relatos sobre a diversidade biológica oferecidos por viajantes que rodaram o mundo descrevendo tais diferenças.[6] Segundo Thomas Paterson, nos Estados Unidos, especialmente na primeira metade do século XIX os estudos etnológicos buscavam atender a diversas solicitações importantes: o forjamento de uma identidade nacional, legitimação para a expansão territorial

---

6   STOCKING, George. *Victorian Anthropology*. Nova Yorque: The Free Press, 1991, p. 49.

e uma justificativa para a escravidão.[7] Naquele país, inicialmente as pesquisas etnológicas voltaram-se para o estudo dos povos indígenas em razão da demanda gerada por discussões que questionavam a viabilidade ou não de assimilar os nativos e "civilizá-los". Somada a essa questão, os etnólogos do período, tal como ocorria na Europa, estavam preocupados em encontrar – ou confirmar – a existência ou não de uma origem única para povos diferentes. Um caminho comum e bastante antigo para a realização deste propósito foi a Filologia, devido à crença de que era possível, a partir do estudo das línguas faladas por diferentes povos, encontrar um ponto de união entre eles, identificando-se assim sua origem.

Outra questão importante apontada por Paterson, vinculada à construção da identidade norte-americana, está relacionada aos prognósticos sobre o Novo Mundo. Algumas das avaliações europeias não favoreciam os homens que ali viviam, pois teorias como as de Georges-Luis Leclerc de Buffon afirmavam que, em razão da natureza e do clima úmido e hostil de tais lugares, o europeu degeneraria em algumas partes da América, a exemplo de seus indígenas e animais nativos, ambos, na visão desse autor, inferiores aos exemplares europeus.[8]

Antonello Gerbi, em seu clássico estudo sobre o Novo Mundo, buscou compreender as teorias que tentavam explicar a suposta inferioridade da natureza e dos habitantes dos trópicos mencionadas por pensadores europeus. Gerbi afirma que a relação feita entre clima e gênio foi extremamente comum na Antiguidade. Segundo o autor, antes de Buffon (século XVIII), encontravam-se aqui ou ali referências negativas sobre a natureza da América:

---

7   PATERSON, T. Carl. *A Social History of Anthropology in the United States*. Oxford & Nova York: Berg Publishers, 2001, p. 3.

8   *Ibidem*, p. 7.

Entre tantos que, depois de Bodin, buscaram os efeitos do clima, Voltaire menciona o viajante Chardin, que possivelmente conheceu as teorias climáticas de Ibn Khaldun, o engenhoso Fontenelle e o abade Du Bos. [...] Hume recorda com frequência Bacon e Berkeley, o cardeal Bentivoglio e Sir William Temple. Na realidade, tratava-se então de uma questão banal, de um argumento corriqueiro, que, de outro lado, adquiria nova energia especulativa e polêmica sob efeito de um duplo estímulo: a ânsia de definir, não genericamente, mas em relação à Europa, o Novo Mundo, com sua gente e suas espécies naturais; e o esforço de justificar com rigor científico a variedade infinita e aparentemente inútil das criaturas; de esclarecer, se possível com uma simples relação de causa e efeito, as relações entre o ambiente físico e os seres vivos, suas formas evolutivas e, em se tratando de homens, sua capacidade de progresso e suas instituições sociais. O "clima", em particular, servia para mediar o abismo lógico entre a tese da debilidade física do continente americano e a de sua inferioridade civil e política. Era apenas um fator, mas um fator crucial que permitia esboçar uma explicação unitária de uma infinidade de fatores geográficos e históricos.[9]

De fato, por um longo tempo, natureza e clima serviram como fatores cruciais na avaliação dos povos do Novo Mundo. No caso dos Estados Unidos, Paterson observa que, no período entre 1770 a 1780, líderes políticos como Benjamin Franklin, James Madison e Thomas Jefferson, e até mesmo artistas que retratavam a natureza da América do Norte, buscavam refutar a imagem negativa do

---

9 GERBI, Antonello. *O Novo Mundo: história de uma polêmica: 1750-1900*. São Paulo: Companhia da Letras, 1996, p. 48.

local, procurando demonstrar que a natureza na América não era hostil e tampouco imutável, e poderia, sim, ser "domada" pelos que ali viviam.

Após a década de 1780, nos Estados Unidos, o desejo de expansão e o crescente extermínio de indígenas deram um sentido de urgência em coletar o máximo de dados possíveis sobre os nativos, não apenas para determinar suas origens, mas para preservar as informações sobre uma população prestes a ser extinta. Na primeira metade do século XIX, somadas às questões já existentes, as discussões sobre o lugar dos negros e da escravatura aconteceram de forma mais enfática. Vemos, portanto, que a importância de determinadas questões alcança maior ou menor amplitude de acordo com as necessidades e interesses políticos de cada período. Se no final do século XVIII, importava aos norte-americanos modificar a imagem dos europeus sobre a natureza da América, no século XIX eles recorreram mais e mais à ciência no intuito de legitimar determinados interesses e justificar as suas ações.

À medida que essas questões foram ganhando amplitude nos Estados Unidos, surgiu a necessidade de se formar instituições que sistematizassem e legitimassem esses debates. A partir do século XVIII, foram criadas as sociedades científicas que se tornaram centros irradiadores de ideias e de produções científicas, cujos trabalhos muitas vezes ajudaram a legitimar projetos políticos, como a expansão territorial e o domínio de nativos.

Até o final de 1830, os estudos sobre o homem nos Estados Unidos estiveram vinculados a essas sociedades científicas e filosóficas, que concentravam os interessados e promoviam o debate. No entanto, não havia ainda uma instituição que tratasse especificamente da Etnologia, uma vez que o campo propriamente dito estava em constituição. Durante muitos anos, a principal instituição a acolher os pesquisadores e interessados em Etnologia foi a American Philosophical Society, fundada em 1745 por Benjamin Franklin, com o objetivo de promover conhecimento nas áreas das ciências e humanidades em geral.

Como já visto, no final dos anos 1830 alguns estudiosos da área, entre eles Albert Gallatin e Thomas Ewbank, amparados nos debates que vinham ocorrendo na Europa sobre a origem do homem, mobilizaram-se no intuito de formarem uma organização voltada aos estudos e debates no campo da Etnologia.[10] Foi nesse ambiente, como já mencionado, que surgiu a American Ethnological Society. O principal objetivo desta instituição, de acordo com os registros de sua constituição, era "incluir inquéritos sobre a origem, evolução e características das várias raças de homem".[11] Abraham Alfonse Albert Gallatin (1761-1849) foi um dos fundadores principais e grande líder dos primórdios da AES. Ele dedicou sua vida ao estudo das línguas indígenas, sendo amplamente reconhecido nos Estados Unidos pela grande sistematização filológica que realizou sobre a linguagem nativa, acreditando que, com base nela, seria possível encontrar uma origem única para os distintos grupos humanos que identificava. Gallatin construiu também uma importante carreira pública: foi tesoureiro do presidente Thomas Jefferson (1801-1809) e também fundador da New York University. Além disso, Gallatin ajudou Jefferson na orientação da famosa viagem de Lewis e Clark, ocorrida entre 1803 e 1806, na qual os exploradores percorreram o território da Louisiana, adquirido da França em 1803, e passaram ao longo dos rios de outros territórios em disputa, alcançando finalmente o Pacífico, na região onde hoje é o Oregon. Com um histórico respeitado, Gallatin estabeleceu na AES tanto a sua direção de pesquisa como a prioridade de temas a serem estudados.[12]

---

10   Sobre o debate das ideias raciais na Europa, ver: STOCKING, *op. cit.*

11   WILSON, J. G. "Proceedings of the American Ethnological Society". *American Anthropologist*, New Series, Nova York, vol. 2, n. 4, out.- dez . 1900, p. 787.

12   Sobre Gallatin ver: MANNIX, Richard. "Albert Gallatin in Washington, 1801-1813."

O PAPEL DAS SOCIEDADES CIENTÍFICAS
NA ORIENTAÇÃO DE VIAGENS E VIAJANTES

Tal como as instituições europeias – que foram objeto de estudo do historiador Ronald Raminelli[13] –, as sociedades científicas norte-americanas, entre elas a American Philosophical Society e a própria American Ethnological Society, produziram guias impressos com a finalidade de orientar as observações dos viajantes nos locais visitados. Buscavam com isso orientar a organização e a escrita dos relatos de viagem, no intuito de que tais jornadas pudessem ajudar na reflexão sobre as diferenças e as desigualdades no interior das sociedades e também entre elas.[14] Essa descoberta foi-me particularmente útil para associar o relato de Thomas Ewbank às práticas etnológicas do período. Embora a vinda ao Brasil tenha sido uma iniciativa individual de Ewbank, em que ele arcou com os custos, pois vinha visitar um irmão, como membro fundador da AES, parece-me razoável pensar na hipótese de que a escrita de sua narrativa sobre o Brasil buscou, em alguma medida, seguir as orientações dessa instituição. A seguinte passagem, extraída dos anexos de *Life in Brazil*, comprova a tentativa

---

Records of the Columbia Historical Society, Washington, D.C., vol. 71q72, p. 60-80. Disponível em: <http://www.jstor.or/stable/40067770>. Acesso em 28 ago. 2008.

13 O historiador Ronald Raminelli, ao pesquisar as viagens realizadas por europeus, conta-nos que, já no século XVIII, as sociedades científicas e acadêmicas europeias direcionavam o trabalho dos viajantes por meio de instruções impressas que serviam para normatizar o cotidiano da viagem, que em geral não atendia apenas a interesses filosóficos, mas também coloniais, estando, dessa forma, vinculados aos interesses da Coroa. O naturalista e botânico inglês Joseph Banks, por exemplo, tinha a seu serviço centenas de coletores de dados e de espécies da fauna e da flora espalhados pelo Novo Mundo. O historiador também nos conta que a realização de uma viagem desse tipo e a publicação de tal experiência rendiam, quase sempre, honrarias e promoções. Ver: RAMINELLI, R. *Viagens Ultramarinas: monarcas, vassalos e governo a distância*. São Paulo: Alameda, 2008.

14 Ver: WILCOX, D. R. & FOWLER, D. D. "The beginnings of anthropological archaeology in the North American Southwest: from Thomas Jefferson to the Pecos Conference". *Journal of the Southwest*, 22 jun. 2002.

do autor de manter seu relato em sintonia com as preocupações das sociedades científicas, interessadas em preservar a cultura das populações indígenas:

> Os aborígenes americanos estão desaparecendo. Uma mudança de ocupação territorial em tal escala é um episódio sem paralelo na história de nosso globo; e apesar de nós, que vivemos durante sua efetivação, sermos de certa forma indiferentes, a sua magnitude e significado nos destinos da espécie em tempos futuros será discutido e imputado em um futuro distante como sendo de um significado sempre memorável. [...] Pobres elas próprias, as tribos vermelhas tornaram outros ricos. [...] A um povo que devemos tanto, o mínimo que devemos fazer é coletar para a posteridade todas as memórias de seu passado que caia em nosso caminho.[15]

É necessário salientar, porém, que esse texto, anexado no final de *Life in Brazil,* foi escrito originalmente com o intuito de tentar uma publicação na revista da AES. Tendo sido negado o artigo, devido ao grande número de figuras que encareceriam a impressão, o texto foi então ampliado a partir dos relatórios que Ewbank produziu sobre artefatos indígenas que ele analisou, trazidos de viagens exploratórias realizadas pela Marinha norte-americana, e acabou sendo anexado em *Life in Brazil,* representando um trabalho de cunho essencialmente etnológico, escrito – ao que tudo indica – para corresponder às expectativas e interesses da AES. No entanto, ao longo do relato Ewbank não manifestou muito interesse e respeito pela população indígena local, como será observado mais adiante.

---

15   EWBANK, Thomas, *Life in Brazil, op. cit.*, p. 445.

O historiador Robert Bieder, em sua pesquisa sobre o papel da ciência nos estudos sobre a população indígena dos Estados Unidos, afirma que Henry Schoolcraft, outro membro fundador da AES, citado no capítulo anterior, produziu um documento cujo objetivo era traçar uma proposta para o campo de estudos da nascente Etnologia nos Estados Unidos. Esse autor, que veio a se tornar, em 1846, o primeiro secretário do Smithsonian Institution – o museu nacional sediado na capital do país, Washington D.C. –, tinha, tal como Gallatin, respaldo no Congresso. Schoolcraft propunha:

> Considerar a Etnologia em seu mais amplo senso o qual a etimologia da palavra admite, abraçando assim homens em suas divisões dentro de Nações; suas afinidades e características, mental e física, com tais provas deduzidas da História, Filologia, Antiguidades e ciências exatas, podendo servir para unir Nação a Nação, raça a raça.[16]

Para Schoolcraft, embora desiguais, indígenas, brancos e negros poderiam compor a mesma sociedade, uma vez que, para ele, os homens tinham uma origem única, como veremos a seguir. O plano de investigação dentro do campo da Etnologia proposto por Schoolcraft tinha o objetivo de profissionalizar, sistematizar e uniformizar o padrão das pesquisas realizadas. Para atingir este objetivo, Brian Dippie – outro historiador que estudou os escritos de Schoolcraft – afirma que seu plano de ação delimitava de forma minuciosa o que deveria ser investigado por pesquisadores, tais como os viajantes e agentes indígenas, bem como quais seriam os melhores meios de averiguar os fatos.[17]

---

16   BIEDER, R. E. *Science encounters the Indian, 1820-1880*. Norman: University of Oklahoma Press, 2003, p. 181.

17   DIPPIE, B. *Catlin and his contemporaries: the politics of patronage*. Nebraska:

MONOGENIA E POLIGENIA: OS DEBATES SOBRE A ORIGEM DO HOMEM NOS ESTADOS UNIDOS

A American Ethnological Society manteve, nos anos iniciais de sua fundação – a exemplo de seu principal líder –, o enfoque ambientalista e monogenista, herdado da Europa, orientando os estudos sobre as populações indígenas. De uma maneira geral, George M. Fredrikson nos informa que a abordagem monogenista baseava sua crença nos escritos bíblicos e assim postulava ter os homens uma origem única: todos igualmente descendiam de Adão. As diferenças entre os seres humanos davam-se pelo "grau de desenvolvimento psíquico" em que se encontravam, sendo as diferenças de cor, anatomia, inteligência e moral atribuídas aos diferentes ambientes geográficos e especialmente ao clima.[18] Para muitos homens da ciência da primeira metade do século XIX, eram esses aspectos que explicavam os contrastantes hábitos de vida produzidos em sociedades selvagens e civilizadas.

Apesar do enfoque no indígena e da visão monogenista predominarem na AES, Bieder aponta que alguns membros, no final da primeira metade do século XIX, já começavam a discordar da maioria, pendendo para a visão poligenista, a qual postulava que o gênero humano não teria descendido de um único homem – Adão, e que, para diferentes partes do globo, Deus havia criado diferentes raças, com capacidades e características físicas que as tornavam aptas a viver naquele ambiente. Em suma, para os poligenistas as diferentes raças de homens tinham origens diferentes.

Havia divisões entre os monogenistas e poligenistas, e suas crenças não se mostravam fixas e nem homogêneas. Assim, se já é difícil distinguir os monogenistas dos poligenistas, é ainda mais complicado identificar quem pertence a essa ou aquela vertente dentro das duas correntes.

University of Nebraska Press, 1990, p. 169-73.

18   FREDRIKSON, G. M. *The black image in the white mind*: the debate on afro-american character and destiny, 1817-1914. Wesleyan U.P, 1987, p. 72.

Mesmo assim, conhecer minimamente essas posições teóricas ainda em desenvolvimento naquele período ajuda o pesquisador a compreender as discussões raciais que ocorreram durante todo o século XIX, as quais, em geral, tinham a ciência embasando suas discussões.

John Haller identifica, *grosso modo*, ao menos três vertentes teóricas monogenistas. A primeira era a dos "Adamitas", cujas explicações sobre a origem do homem eram estritamente bíblicas e vinculadas ao épico da criação. Baseavam-se literalmente na história de Adão e Eva para explicar a origem humana, sendo as diferentes raças existentes no mundo o fruto das oito pessoas sobreviventes. Para esses, a ciência não tinha lugar quando o assunto era a origem do homem.[19]

Uma segunda vertente, a dos "monogenistas racionais", buscou uma combinação entre ciência e ensinamentos bíblicos. Em geral, defendiam que o planeta Terra era mais antigo que o épico bíblico. Para eles, o homem fora criado em algum lugar entre o Caucasus e o Kush Hindu, sendo as diferentes raças devedoras da ação do clima e de outras condições que atuaram sobre a onda de migração dos povos, deixando o seu lugar de origem. Embora descendentes de um mesmo homem, as regiões climáticas para onde se dirigiram influenciaram na forma como se desenvolveu esse ou aquele grupo. Ainda assim, esses pensadores não desconsideravam a possível intervenção divina para explicar a origem e as diferenças raciais. Para esses monogenistas, a inferioridade do negro baseava-se na crença científica da degeneração. Entre os monogenistas racionais, Haller cita homens como Carl Lineu, Georges Buffon, Georges Cuvier, Joannes Blumenbach, James Cowles Prichard e Armand de Quatrefages.

Por fim, havia os "transformistas", que, como o próprio nome indica, acreditavam que as espécies passavam por transformações e

---

19 HALLER, John S., Jr. *American Anthropologist*, new series, vol. 72, n. 6, dez. 1960, "The species problem: Nineteenth-century concepts of racial inferiority in the origin of man controversy". p. 1319.

evoluíam. O francês Jean-Baptiste Lamarck liderava essa vertente, que defendia a geração espontânea da vida a partir de um pequeno número de germes e monadas primordiais. Para eles, o homem descendia de uma lenta transformação dos macacos (apes), era a ponta de uma extremidade isolada do "reino orgânico". Entre os transformistas, Haller indica Bry de Saint-Vicent, Geoffry Saint-Hilaire, Lorens Oken, Johann Wolfgang von Goethe, W. Herbert, P. Matthews, Omalius d'Halloy, Herbert Spencer e Charles Lyell.[20] Muitos monogenistas, como Cuvier, ridicularizavam a posição dos "transformistas".

Haller também explica que, assim como no monogenismo, havia ao menos duas vertentes entre os poligenistas. A primeira era a dos "neotradicionalistas", que, apesar de aderirem à história bíblica, tentavam explicar os vários tipos de seres humanos conciliando a escritura com o poligenismo. Paul Broca, por exemplo, afirmava, na década de 1860, que outros povos coexistiram com a família Adamita, mas que eram insignificantes a ponto de não aparecerem nas escrituras sagradas. Nessa escola, defendia-se que o homem emergiu em diversos lugares, por meio de diversos atos de criação, resultando em formas distintas de seres. Homens como Louis Agassiz, Lord Henery, H. Kames e Karl Vogt compartilhavam as premissas dessa vertente teórica.[21]

Uma segunda vertente acreditava nos postulados "neotradicionalistas", mas também considerava o lapso de tempo entre a criação da Terra e o tempo bíblico, que consideravam ser de 5.877 anos. Eles acreditavam que esse lapso de tempo era insuficiente para produzir as distinções que se verificava em cada raça. Defendiam que as raças

---

20 Cf. *Ibidem, op. cit.*, p. 1319.
21 Sobre a viagem de Louis Agassiz ao Brasil, ver MACHADO, Maria Helena P. T. "A Ciência norte-americana visita a Amazônia: entre o criacionismo cristão e o poligenismo degeneracionista". *Revista USP*, vol. 75, 2007, p. 68-75.

tinham origens distintas e eram distribuídas na face do globo como uma espécie de mosaico cosmológico (Mosaic cosmology).[22]

George Fredrickson afirma que a poligenia foi considerada como a vertente teórica que antecedeu e preparou as bases do racismo científico.[23] Essa "ciência da raça" encontrou no público norte-americano um forte interesse, tornando-se parte do clima cultural do período que debatia o lugar do negro na sociedade que antecedeu à Guerra Civil (1861-1865), sendo amplamente divulgada em livros, jornais, revistas e panfletos.

Tal abordagem, de acordo com Bieder, fortaleceu-se principalmente em torno das discussões raciais envolvendo os negros e a escravidão, tema que vinha ganhando cada vez mais espaço na política e na ciência.[24] Fredrickson também aponta que, já na década de 1850, a abordagem poligenista conquistou seu espaço nos estudos etnológicos.[25] Gallatin além de defensor fervoroso do monogenismo, privilegiava, como vimos, o enfoque nos estudos das populações indígenas, morreu em 1849, o que abriu espaço na AES para o debate entre poligenistas e monogenistas dentro do campo da escravidão. Com isso, a Etnologia passou a ter como um dos temas centrais o problema do negro e o questionamento de qual seria o seu lugar no mundo.

No entanto, devemos ter em mente que, apesar da poligenia se consolidar somente no início da segunda metade do século XIX, desde o final da década de 1830 ela vinha sendo discutida e aplicada em "diagnósticos" sobre as diversas sociedades espalhadas pelo globo. Já nesse período, surgem nos Estados Unidos trabalhos importantes fortemente influenciados pelo determinismo biológico, tal como *Crania Americana*, escrito em 1839 por Samuel George Morton (1799-1851),

---

22   Cf. HALLER, *op. cit.*, p. 1321-1322.
23   FREDRICKSON, *op. cit.*, p. 75.
24   BIEDER, *op. cit.*, p. 44-45.
25   FREDRICKSON, *op. cit.*, capítulo 3.

médico norte-americano e naturalista, considerado por muitos como o principal difusor da Escola Americana de Antropologia. Nesse livro, Morton defendeu a ideia de que era possível medir a capacidade intelectual de uma raça com base no tamanho de seu crânio. Dessa forma, quanto maior o crânio, maior o cérebro e a inteligência, e quanto menor, mais diminuta seria a capacidade intelectual de seu portador. As proposições de Morton alcançaram grande repercussão e, para muitos estudiosos do período, inclusive os monogenistas, os negros apresentavam a menor capacidade intelectual entre todas as raças, como nos informa Michael Banton.[26] Morton nasceu na Filadélfia e graduou-se na University of Pennsylvania em 1820.

O biólogo Stephen Jay Gould demonstrou que trabalhos como os do poligenista Morton apresentaram resultados de pesquisa alterados, falsos e tendenciosos, com o objetivo de corroborar a tese da inferioridade de negros e indígenas. Esse autor salienta a importância da poligenia na consolidação de uma hierarquia racial e atribui aos norte-americanos um papel de destaque na consolidação e difusão de ideias e argumentos que colocavam negros e indígenas como seres incapazes, por sua constituição biológica, de alcançarem o mesmo desenvolvimento intelectual que os brancos.[27]

A diferença básica entre uma e outra vertente é que, para os monogenistas, negros e brancos tinham uma mesma origem, como nas escrituras bíblicas – todos igualmente descendiam de Adão. Já para os poligenistas, negros e brancos tinham origens distintas. Se havia preconceito entre os monogenistas – pois negros e indígenas eram vistos como inferiores aos brancos –, ele era exacerbado entre os poligenistas, em razão do fosso que separava uns e outros desde a sua

---

26 BANTON, M. *Racial Theories*. Cambridge: Cambridge University Press, 1998, p. 50-53.

27 GOULD, S. J. *A falsa medida do homem*. 2ª ed., São Paulo: Martins Fontes, 1999, p. 30.

criação. Muitos poligenistas eram descrentes na "civilização do negro", justificando assim a escravidão. Outro ponto em comum entre as duas vertentes é a questão geográfica e climática, ambas responsáveis pelo maior ou menor grau de desenvolvimento de seus habitantes. Mas havia tanto entre os monogenistas como entre os poligenistas homens contra ou a favor da escravidão. Em razão desse campo e de suas ideias ainda estarem em formação, veremos que distintos aspectos desse debate se mesclaram no discurso de Thomas Ewbank.

"EVOLUÇÃO HUMANA" E DETERMINISMO GEOGRÁFICO EM *LIFE IN BRAZIL*

Considerando-se as ideias acima apresentadas, ao analisar o relato de viagem escrito por Thomas Ewbank, tornam-se bem evidentes as razões pelas quais o autor focou o seu olhar sobre determinados aspectos da sociedade brasileira. Um exemplo muito revelador é a consideração feita pelo viajante sobre a degeneração do homem branco que vivia nos trópicos, como demonstrado nos excertos abaixo. Em *Life in Brazil* havia três aspectos que se inter-relacionavam neste "processo degenerativo": o fator climático, a escravatura e a religião. No Brasil, um país de clima tropical, o homem branco ficaria imerso em um lento processo degenerativo, no qual ia perdendo o vigor físico e mental:

> O calor tão uniforme e a lassidão que o acompanha faz com que as pessoas procurem repouso nas horas da manhã. [...] Na verdade, os prazeres do verão perpétuo, das flores sempre desabrochando e do clima sempre quente não são tudo aquilo que dizem os poetas, pois se tornam monótonos e deixam de encantar. O corpo definha e a própria mente começa a perder o vigor.[28]

---

28 EWBANK, Thomas. *Life in Brazil, op. cit.*, p. 268.

Em muitas passagens do relato de viagem, o autor relaciona o comportamento dos brasileiros ou o lento desenvolvimento da nação a fatores por ele considerados como impeditivos ao progresso: o clima tropical, o trabalho escravo e a recusa de muitos brancos em aprender um ofício manual. O excerto abaixo nos dá uma dimensão maior sobre a forma como o autor pensou essas questões em seu relato de viagem:

> A tendência inevitável da escravidão por toda parte é tornar o trabalho desonroso, resultado superlativamente mau, pois inverte a ordem natural e destrói a harmonia da sociedade. A escravidão negra predomina no Brasil, e os brasileiros recuam com algo próximo ao horror dos serviços manuais. No espírito de classes privilegiadas de outras terras, dizem que não nasceram para trabalhar, mas para comandar. Perguntar a um respeitável jovem de uma família em má situação financeira sobre porque não aprende um ofício e ganha sua vida de maneira independente, há dez chances em uma de ele perguntar, tremendo de indignação, se você está querendo insultá-lo! "Trabalhar! Trabalhar!"– gritou um. "Nós temos os negros para isso". Sim, centenas e centenas de famílias têm um ou dois escravos, vivendo apenas daquilo que os mesmos ganham.[29]

Para Ewbank, a escravidão exerce uma enorme influência na forma como os brasileiros enxergavam o trabalho. No entanto, observa que esta não era uma postura apenas dos brasileiros, mas também das classes privilegiadas de outras terras, as quais ele não especifica. Talvez porque caso decidisse exemplificar, tivesse de mencionar os

---

29 *Ibidem*, p. 184.

Estados Unidos, que no período em questão mantinha escravos não apenas no Sul do país, mas em todo o seu território.

Para Ewbank, a natureza, assim como o gênero humano, evoluía, embora jamais em um nível de igualdade com relação aos países de clima temperado. De acordo com sua visão, o homem acompanharia os processos de metamorfose já observados por naturalistas na fauna e flora, buscando desenvolver habilidades que o tornasse apto a viver em uma sociedade em constante transformação e progresso. Suas afinidades com as explicações científicas que se desenvolviam no período se mostram claras no excerto abaixo, retirado da introdução de *Life in Brazil*:

> A natureza pressagia sempre as alterações que vão surgir na condição de suas diversas gerações, apresentando indícios que dificilmente enganam. A aparição de novos órgãos, ou o aperfeiçoamento dos já existentes, são provavelmente precedidos ou acompanhados por instintos correspondentes. [...] O fenômeno da metamorfose é comum a todas as forças da vida. O homem não passa de um inseto ambicioso e o acréscimo de aparelhos de voo a seu organismo não seria maior novidade que as transformações já sofridas, segundo vários autores, pelas espécies.[30]

Bem ao estilo da época, a evolução do homem é comparada à evolução dos animais, num momento em que os naturalistas discutiram a diversidade das espécies e as suas possíveis transformações. É significativo que tal passagem se encontre justamente na introdução de *Life in Brazil*, pois entendo que o autor, dessa forma, anunciou os parâmetros que guiariam o seu olhar e os seus interesses na realização de sua viagem. Nos escritos de Ewbank, a ideia de evolução está fortemente

---

30 *Ibidem*, p. v.

relacionada à ideia de progresso e civilização, pressupostos comuns no período, por meio dos quais os homens buscavam a perfectibilidade humana.

No caso do Brasil, o autor, considerando os fatores acima citados, acreditava que não se tratava de um país com vocação natural para alcançar os estágios mais altos da evolução humana. Suas impressões a este respeito são fortes a ponto de escrever no prefácio de *Life in Brazil* que o atraso de dez anos na publicação de sua narrativa de viagem não implicaria em informações ultrapassadas, pois "como se relacionam a assuntos que são imutáveis, não há nada a lamentar sobre o atraso da publicação".[31] Um exemplo de tal prognóstico e da importância do clima na evolução do homem, bem como de sua superioridade, inerente a países de clima temperado, pode ser observado abaixo:

> Deve-se lembrar, todavia, que nenhum povo pode servir de modelo para outro, pois que não existem dois povos nas mesmas circunstâncias e condições. A influência do clima, sabemos, é onipotente, e ocupam eles (os brasileiros) uma das maiores e melhores porções das regiões equatoriais. Cabe a eles determinar até que ponto as ciências e as artes dentro dos trópicos podem competir com o progresso feito em zonas temperadas.[32]

As ideias contidas no excerto acima aparecem com muita clareza em duas outras publicações de Ewbank, já mencionadas no capítulo 1, escritas anos depois de sua viagem – o livro *The world a workshop: or, the physical relationship of man to the earth* (1855), e o panfleto *Inorganic forces ordained to supersed human slavery* (1860). Nessas publicações, o autor desenvolveu explicações sobre o papel de cada raça, sendo o clima e a geografia de cada lugar o que explicaria o maior

---

31 *Ibidem*, p. ix.
32 *Ibidem*, p. 436.

ou menor desenvolvimento de seus habitantes. Especialmente nesse último texto, pude ter uma indicação de autores que possivelmente influenciaram a visão desse viajante, já que nesse panfleto Ewbank citou alguns nomes de teóricos para oferecer ao leitor um panorama de hierarquização das raças no globo: o sueco Carolus Linnaeus (1707-1778), os franceses Georges-Louis Leclerc – mais conhecido como Conde de Buffon (1707-1788) – e Georges Cuvier (1769-1832) e, finalmente, Charles Pickering (1805-1878). Este último, naturalista norte-americano e membro da Academia de Ciências Naturais da Filadélfia, participou da US Exploring Expedition, comandada pelo capitão-tenente Charles Wilkes, um dos poucos nomes citados pelo viajante em *Life in Brazil*.[33]

Em seu relato, ainda sobre a questão climática, chamou-me a atenção a forma como Ewbank se preocupou em registrar a temperatura desde o início da viagem, mantendo o hábito durante os meses em que permaneceu no Rio de Janeiro, a fim de observar os efeitos do clima no comportamento dos brasileiros e em seu próprio, quando aqui esteve:

> Dia 13 – A temperatura é opressiva. [...] Às seis da manhã, 28 graus; ao meio dia, 29,5 graus; às dez da noite, 29 graus. Como estes movimentos são pequenos e lentos, se comparados com as variações registradas na coluna mercurial em nossas latitudes![...] Sinto uma crescente tendência à ociosidade, tanto mental quanto física.[34]

Sua preocupação em medir a temperatura diariamente, observando a prostração que tomava conta de seu corpo em virtude do calor e da umidade, demonstra uma postura comum a um homem da ciência

---

33 Cf. *Idem*, p. 8.
34 *Idem. Life in Brazil*, op. cit., p. 77.

daquele período, que acreditava que nos climas temperados os homens brancos tinham as melhores condições para evoluir. O seguinte excerto é bastante ilustrativo de tal pensamento:

> No verão, em Nova York, a temperatura eleva-se frequentemente a mais de 31 graus, mas à noite é o mesmo que se tomássemos um banho frio e refrescante. Aqui, a noite não traz alívio algum aos pulmões e vísceras cozidos. Não é, portanto, a alta temperatura que causa perturbações, mas a sua invariabilidade. Esta uniformidade do calor tropical pode ser propícia à saúde e permitir a vida até elevada idade, mas creio que também provoca certa lentidão intelectual. Existe uma relação evidente entre a meteorologia e o cérebro; os espíritos enérgicos medram melhor onde se alternam calor e o frio, as calmarias e as tempestades. Sinto uma crescente tendência à ociosidade, tanto mental quanto física, e posso compreender facilmente por que as pessoas que visitam os trópicos se cansam da verdura invariável e anseiam pela neve e o gelo, assim como pela renovadora influência da primavera setentrional.[35]

De uma forma ou de outra, vimos que o clima era indispensável para compreender determinados estágios de evolução tanto para os monogenistas quanto para os poligenistas. O calor opressivo, segundo Ewbank, era o responsável pela indolência e atraso dos brasileiros, embora não o único fator. O excerto acima explicita o ponto de referência do autor do que seria um clima "ideal" para o desenvolvimento saudável do homem: o verão carioca, ao contrário do que ocorria no "equilibrado" clima de Nova York onde vivia, o colocava – um inglês que morava nos Estados Unidos – em estado letárgico.

---

35   EWBANK, Thomas. *Life in Brazil*, op. cit., p. 77.

O ÍNDIO SUL-AMERICANO NO RELATO DE EWBANK

Os etnólogos do século XIX preocupavam-se com a Fisiologia, a Filologia e a religião, além dos contos orais das populações indígenas. Para além das discussões sobre as origens do homem havia, como já dito, a urgência em coletar e preservar aspectos da cultura dos indígenas norte-americanos, que, como sabemos, estavam sendo dizimados. A única forma de garantir que esses dados e objetos fossem devidamente coletados era pela criação de guias impressos, contendo instruções detalhadas sobre *como* e *o que* deveria ser observado. Ainda segundo Dippie, esse plano de investigação foi amplamente distribuído entre os membros do Smithsonian Institution e da AES, sendo apresentado inclusive no Congresso, com o objetivo de angariar fundos para uma ampla e audaciosa pesquisa etnológica que não se restringiria apenas aos Estados Unidos, mas que avançaria para além das fronteiras nacionais:

> escrutinar e coletar o que tem sido descoberto e escrito, coletando dados do próprio ambiente e de outras fontes, em várias partes do mundo, espécimes de arte antiga e, acima de tudo, encarnar a filologia presente e passada de tribos e nações, é um trabalho que requer tempo e atenção.[36]

Ao analisarmos *Life in Brazil*, vemos que Ewbank, em parte, busca atender a essas solicitações. Há em seu relato compilações de espécimes cultivados no Jardim Botânico do Rio de Janeiro.[37] Além disso, o autor levou para seu país instrumentos antigos e até mesmo animais – uma preguiça, um lagarto e uma paca, que não resistiram à viagem.[38] Ao longo do relato, foi possível verificar que o lugar do

---

36 SCHOOLCRAFT *apud* BIEDER, *op. cit.*, p. 182.
37 Cf. EWBANK, Thomas. *Life in Brazil, op. cit.*, p. 173-6.
38 *Ibidem*, p. 443.

indígena não era uma questão central para Ewbank, embora naquele momento o fosse para a AES. Por esse motivo, embora os indígenas brasileiros sejam pouco mencionados no corpo do relato, no apêndice anexado em *Life in Brazil*, o tema central é o indígena e as artes sul-americanas antigas. Nesse momento, é possível observar a influência de Gallatin na escrita de Ewbank, que buscou, embora não fosse esse seu maior interesse, observar e relatar elementos da cultura indígena.

Contudo, como já dito, esse tema foi lateral em *Life in Brazil*, uma vez que, importante para o autor, era a avaliação da sociedade brasileira como um todo – determinada que era pelo clima tropical – e na qual o lugar do negro e da escravidão, da disposição do branco para o trabalho, do emprego da técnica ainda rudimentar e da predominância da Igreja Católica formavam um ambiente que não favorecia o progresso.

De todo modo, as próprias descrições sobre a cultura material, os ritos religiosos católicos, o clima e a geografia do Brasil e, como não poderia deixar de ser, o negro e a escravidão, atendiam aos requisitos de observação solicitados pelos nomes da Etnologia norte-americana. Se não havia por parte de Ewbank grande interesse pela população indígena local, relegando o tema aos anexos do seu relato de viagem, o mesmo não se pode dizer com relação ao negro.

A OPINIÃO DE THOMAS EWBANK SOBRE O NEGRO E A ESCRAVIDÃO

O viajante publicou *Life in Brazil* em 1856, quando a questão do negro tomava o centro do debate nos Estados Unidos. Mas 1846, quando aqui esteve, é o ano em que os Estados Unidos dão início à Guerra contra o México (1846-1848), período em que as divisões entre Norte e Sul naquele país não estavam tão marcadas. As fissuras entre essas duas regiões, embora evidentes, acirram-se após metade do território mexicano ser anexado aos Estados Unidos e o início do debate, no Congresso, para definir se tais domínios – quando transformados em estados – seriam escravocratas ou não; tal decisão modificaria o balanço de poder entre Norte e Sul no Congresso.

Michael Banton aponta que, nos Estados Unidos, as concepções de raça, principalmente por conta do debate sobre a escravidão, foram desenvolvidas de forma mais sistemática a partir de 1830. Desde então, o tema sobre o lugar do negro na sociedade norte-americana foi ganhando espaço e promoveu debates calorosos antes, durante e após a Guerra de Secessão, da qual Thomas Ewbank tomou partido ativamente, em defesa da posição dos estados do Norte.[39]

Nos Estados Unidos, a argumentação contra a escravidão teve um cunho essencialmente moral e religioso, como afirma a historiadora Célia Marinho de Azevedo.[40] Ainda segundo esta autora, os abolicionistas norte-americanos argumentavam que a escravidão ali exercida era a mais cruel e desumana em toda a história da humanidade. Em contrapartida, acreditavam que, no Brasil, os senhores eram mais humanos e benevolentes para com seus escravos e com os negros libertos, os quais tinham alguma possibilidade de ascenderem socialmente.

Em *Life in Brazil*, o espaço dedicado aos negros é considerável, e só perde em extensão para o espaço que o autor dedicou às igrejas e aos ritos católicos, muito embora, como já dito, clima, escravidão, catolicismo e a cultura latina estivessem inter-relacionados em seu discurso. Em seu relato, o autor procurou retratar as variadas situações com relação ao negro com as quais se deparou durante sua estada no Rio de Janeiro:

> 25 de abril – Temos aqui muitas pessoas ricas de cor. Eu passei por senhoras negras cobertas de sedas e joias, com

---

39 BANTON, *op. cit.*, p. 48.
40 Cf. AZEVEDO, Célia Marinho M. de. *Abolicionismo: Estados Unidos e Brasil, uma história comparada (século XIX)*. São Paulo: Annablume, 2003, p. 29.

escravos de libré atrás delas. Hoje vi uma sentada em sua carruagem, acompanhada por um lacaio de libré e um cocheiro. Muitas estão casadas com brancos. O primeiro médico da cidade é negro, assim como o primeiro Presidente da província. A viscondessa C. e muitas personalidades das melhores famílias são mestiças.[41]

No excerto acima Ewbank provavelmente referia-se aos mulatos. Na concepção de muitos norte-americanos, e podemos sugerir que também para o viajante, não havia distinções entre negros e mulatos como se fazia e ainda se faz no Brasil. Nos Estados Unidos, em geral, um mulato tinha sangue negro e era, portanto, um negro, não havia diferenciações. De qualquer forma, o autor demonstrou a possibilidade de ascensão social entre eles, bem como a existência de mulatos em grande quantidade compondo a elite carioca. Muito embora o viajante não emita julgamentos incisivos sobre a questão da "mestiçagem", sabemos, por meio da leitura de seus escritos posteriores, que ele condenava a mistura racial sob a alegação de que todas as raças degenerariam diante dessa ação.[42]

Em muitas outras passagens, o autor demonstrou as condições desumanas a que os escravos eram submetidos por seus senhores:

> Do pouco que pude ver, devo supor que os escravos do campo são os que vivem em piores circunstâncias. Todas as manhãs, enquanto a natureza ainda está encoberta pela escuridão das trevas, eu os escuto dirigin-

---

41 EWBANK, Thomas. *Life in Brazil, op. cit.*, p. 267.
42 A palavra mestiçagem era muito utilizada pelos pensadores envolvidos com a questão racial. Sobre alguns usos do termo e o problema da degenerescência das raças, ver VIANA, Larissa. "A mestiçagem como problema de investigação. Algumas considerações". In: *O idioma da mestiçagem*. São Paulo: Editora da Unicamp, 2007. Sobre a questão racial no Brasil na segunda metade do século XIX, consultar: SCHWARCZ, Lilia Moritz. *O espetáculo das raças: cientistas, instituições e a questão racial no Brasil, 1870-1930*. São Paulo: Companhia das Letras, 1993.

> do carros através da espessa névoa, e quando são dez horas da noite ainda estão gritando com os bois...
> Nas grandes fazendas, alguns dias de descanso são-lhes dados a cada três ou quatro semanas, durante a temporada de colheita do açúcar, mas nas fazendas menores, onde os proprietários geralmente têm dificuldades em se manter fora de dívidas, eles se alimentam mal e trabalham até a morte.[43]

O autor também se mostrou sensibilizado diante da cena da venda de escravos em leilões:

> Assim, vi pela primeira vez em minha vida os ossos e os músculos de um homem, com cada coisa que pertencia a ele, colocados à venda, e seu corpo, sua alma e seu espírito entregues à melhor oferta.[44]

Os excertos acima retrataram situações bastante distintas – a possibilidade de ascensão social do negro, por um lado, e a escravização violenta e desumana, por outro. Em seu relato, ainda que de forma sutil e pontual, o viajante expôs as diferenças existentes entre a escravidão e as relações entre negros e brancos de ambos os países. Apesar de apontar o fato de que, no Brasil, o negro não estaria condenado a uma eterna posição subalterna, seu relato contemplou de forma enfática o "outro lado da moeda", descrevendo as condições de trabalho a que estavam submetidos e o tratamento atroz que muitos recebiam, a ponto de ser comum o suicídio entre os escravos.

Outro aspecto que não lhe passou despercebido foi a relação de proximidade e tolerância entre negros e brancos. Os excertos abaixo

---

43 EWBANK, Thomas. *Life in Brazil, op. cit.*, p. 439-440.
44 *Ibidem*, p. 284.

oferecem ao leitor uma cena de convivência um tanto próxima (em comparação aos padrões norte-americanos):

> Como o transporte público de Botafogo parou na porta, eu observei três negros sentados entre cavalheiros brancos. Isto é comum. Um negro livre, em trajes decentes – implícito na expressão: "usando sapatos e colarinhos" – pode sentar-se nos logradouros ou transportes públicos tão livremente quanto as pessoas claras. A Constituição não reconhece qualquer distinção baseada na cor.[45]

Em visita a um estabelecimento que servia refeições (Casas de Pasto), o autor afirmou que: "Jovens de cor entraram e sentaram-se sem hesitação na mesma mesa dos brancos, e, em perfeita igualdade, tomaram parte na conversação".[46]

É interessante observar que em *Life in Brazil,* tanto nessas duas passagens quanto naquela em que descreveu mulatos como membros da elite carioca, há uma ausência de julgamento por parte do autor, como se deixasse a critério do leitor realizá-lo. No entanto, com base nas discussões sobre raça no período e em seus escritos posteriores, podemos inferir que, para ele, tanto a frequente mestiçagem e ascensão social de negros e/ou mulatos no Rio de Janeiro quanto a posição de igualdade implícita nas cenas de brancos e negros sentados juntos em meios de transporte ou restaurantes não era algo positivo. Para Ewbank, não era natural que os negros assumissem posições de destaque na sociedade, já que estes ocupavam o último degrau na escala da evolução. O mais provável é que Ewbank considerasse que no Brasil as posições estariam invertidas e fora de sua "ordem natural": o homem branco não valorizava as profissões mecânicas e evitava o trabalho com as próprias mãos,

---

45 *Ibidem*, p. 78.
46 *Ibidem*, p. 135.

delegando-o aos escravos e negros livres, os quais, por essa razão, alcançavam postos que não deveriam ocupar.

No entanto, predominou em todo o relato os maus-tratos, os castigos e o sofrimento de escravos deformados pelo excesso de trabalho e de peso:

> Não é de admirar que sejam tão numerosos os escravos com os membros inferiores aleijados. Passou à minha frente cambaleando de maneira horrível um homem cujas coxas e pernas curvavam-se tanto para fora que seu tronco não ficava a mais de quinze polegadas do solo. Parecia suficientemente pesado, mesmo sem a cesta na cabeça, para quebrar a estrutura óssea e cair entre seus próprios pés.[47]

Escravos de ganho retratados por Ewbank[48]

Robert Bieder nos informa que, exatamente no período em que Ewbank veio ao Brasil, o debate entre monogenistas e poligenistas se

---

47 Ibidem, p. 118.
48 Ibidem, p. 94; 277.

colocava mais claramente.[49] Em *Life in Brazil*, seu interesse marcante em descrever a relação entre negros e brancos, bem como o fato de estar o autor inserido nas discussões raciais de seu país, sob uma "perspectiva científica", autoriza-nos mais uma vez a afirmar que a forma como ele retratou o Brasil e os brasileiros estava pautada pelos debates que aconteciam dentro do campo da nascente Etnologia nos Estados Unidos.

Com base na análise comparativa entre o livro *Life in Brazil*, publicado em 1856, e o panfleto *Inorganic forces*, publicado em 1860, foi possível perceber mudanças na forma como o autor enxergava o negro e também o fortalecimento de algumas crenças desse viajante no que se refere à ideia de raça discutida no período. Se em *Life in Brazil* a posição do autor não é direta – vimos que em muitos momentos ele descreve determinada situação que envolve a relação entre brancos e negros, ou mesmo questões relativas à "mestiçagem", deixando o julgamento para o leitor –, o mesmo não ocorre nesse panfleto, de cerca de 30 páginas, escrito com o objetivo de discutir o lugar do negro na sociedade e de propor soluções ao fim da escravidão, sob uma "perspectiva científica" e técnica. Possivelmente, quando o autor escreveu esse panfleto, seu objetivo maior fosse discorrer sobre o lugar do negro nos Estados Unidos, pois, nessa época, a pressão dos abolicionistas aumentou a frequência dos debates sobre a escravidão naquela sociedade.

Nesse texto, Ewbank primeiramente alertou que a escravidão vinha de tempos remotos, mas que era muito diferente daquela praticada nas Américas. Embora saibamos hoje que muitos dos escravos do mundo antigo eram prisioneiros de guerra, o autor pontua a diferença, afirmando que gregos e romanos escravizavam os de sua própria raça, enquanto, na América, escravizavam estrangeiros de raça inferior. A escravização de negros na Antiguidade, afirma Ewbank,

---

49 BIEDER, *op. cit.*, p. 3.

foi muito pequena, "mas outro estado de coisas foi revelado com a descoberta da América, algo sem igual na história do Oriente".[50]

Neste panfleto, o autor deixou transparecer de forma enfática a sua crença de que as questões de cunho moral, político ou religioso, implícitas no debate sobre a escravidão, poderiam encontrar respostas na natureza ou em suas leis. Deus havia criado a Terra e seus habitantes para que esses pudessem interagir com seu meio de forma eficiente, por meio do trabalho. Nem as diferentes regiões do mundo e nem seus habitantes foram criados com as mesmas capacidades e características, sendo os homens, portanto, desiguais. Na visão desse autor, não havia problema nisso, pois o planeta necessitava de diferentes habilidades humanas para o trabalho, sendo todas importantes para seu desenvolvimento. Cada raça, em cada região do globo, foi criada com uma vocação específica. Desrespeitar esse princípio da natureza, para o autor, traria consequências desastrosas, a começar pela degeneração e a consequente barreira ao progresso:

> O trabalho, diverso em sua natureza, minucioso nos seus detalhes e abrangente em suas relações, exige diversidades nos caracteres e capacidades dos trabalhadores, e estes também são fornecidos por uma lei da organização da terra. [...] Seu clima e produtos diferem muito entre o equador e os polos [...]. Todos sabem como o calor e a umidade variam de acordo com a posição geográfica, e como eles afetam a força muscular do homem... – A humanidade é composta de raças que variam em estrutura física e mental, de acordo com as diversas condições das grandes porções da terra, cada uma constituída para florescer melhor em climas semelhantes aos seus nativos. Homogeneidade da raça só pode concordar com uma terra uniforme e,

---

50 EWBANK, Thomas. *Inorganic forces, op. cit.*, p. 4.

portanto, as diversidades de raças devem ser tão duradouras como a variada constituição da terra. [...] Tal como acontece com os animais, uma raça não pode desempenhar as funções das outras.[51]

Na escala de desenvolvimento das raças, o homem branco deveria levar a civilização às terras e raças inferiores, compartilhando de suas descobertas e encarregando a cada raça a parte do trabalho que lhe caberia. Nessa escala, como não podia deixar de ser, os brancos eram os que concentravam os atributos necessários para a liderança e para fazer valer os princípios da civilização, e a raça negra ocupava o último lugar em desenvolvimento:

> A ordem natural das raças é indicada por suas características, como compleição, o cabelo etc. A cor é o principal teste, começando pelo o que é chamado de branco e aprofundando na sombra através do amarelo ao azeite, do ébano para o azeviche. Seja qual for o teste, o homem branco é visto como encabeçando a série, e os negros e suas castas, ocupando a parte inferior. [...] Enquanto as desigualdades em termos físicos das raças são admitidas e habilitadas por escritores da história natural das espécies, há aqueles que defendem uma igualdade de intelecto em todas elas. Contrariamente à analogia, à história e à observação, eles defendem o mesmo valor para a menor e para a maior raça, como se a diversidade não necessariamente implicasse em diversidade de estrutura mental e como se a economia de nossa orbe não requeresse isso das raças, bem como de indivíduos de todas as raças. Eles, aliás, ignoram a absoluta universalidade dos princípios da variedade e gradação. Seria uma anomalia se estes princípios

---

51 *Ibidem*, p. 8-9.

> não penetrassem o mental tanto quanto as formações corporais dos homens, e não apenas as raças como um todo, mas cada raça em si. É inconcebível a forma como a extrema diversidade do trabalho exigida das nossas próprias raças poderia ser exercida em harmonia, ou de todo, com uniformidade ou igualdade de intelecto ou da capacidade intelectual. A característica da raça negra é a sua inferioridade mental e, consequentemente, a sua inquebrantável associação com a barbárie. Exceções individuais não afetam essa lei exceto para confirmá-la. Não fossem os negros intelectualmente inferiores, seria impossível escravizá-los. A origem do poder está na mente, não no corpo.[52]

Embora em *Life in Brazil* Ewbank se colocasse contra a escravidão, em *Inorganic forces* o autor foi muito mais explícito e se demorou no desenvolvimento do tema. Vemos acima que ele, nesse momento, justifica a escravidão devido às distinções encontradas entre as raças. As indicações são de que Ewbank passou a considerar a escravidão em algumas partes do mundo. Por outro lado, com base nos excertos acima apresentados, podemos afirmar que neles o autor se tornou mais claro e contundente em suas afirmações sobre a inferioridade da raça negra e a escravidão em 1860 do que em 1846, quando esteve no Brasil. Sua posição sobre a importância de permanecerem em seu clima de origem, bem como em tornar seu tratamento mais humano, ainda que permanecessem como escravos, é clara no excerto que segue:

> A justiça natural nos ensina que a escravidão negra, ao invés de justa e beneficente em qualquer lugar, só pode sê-lo em climas apropriados à constituição do

---

52 *Ibidem*, p. 11.

> negro, e onde o trabalho não lhe seja prejudicial à saúde, nem em quantidade naturalmente exaustiva de sua vida, nem aplicadas a partir de regras proibitivas de seu avanço mental. Nenhum sistema pode ser correto se não os reconheça e os trate como homens, embora estejam abaixo na escala das massas da humanidade.[53]

Uma hipótese a ser considerada é a de que em 1846, a concepção tão marcada sobre o negro que apareceu em 1860 ainda não estivesse clara para o autor. Apesar de posicionar-se contra a escravidão inicialmente, Ewbank não era um abolicionista, e sim, um defensor do progresso pela adoção de novas técnicas. Contudo, acima, ele legitima a escravidão em "climas apropriados à constituição do negro". Certamente, aqui, ele passa a considerar a possibilidade da escravidão em climas tropicais. No panfleto, o autor apontou a inferioridade do negro e defendeu que seria papel do homem branco ajudá-lo a evoluir. Para tanto, era necessário que o homem branco desenvolvesse – como o próprio título de seu panfleto anuncia – máquinas e mecanismos capazes de substituir, ainda que a longo prazo, a mão de obra escrava por forças inorgânicas (as máquinas). Os negros, assim, poderiam passar da escravidão ao trabalho assalariado em fábricas e mesmo nos campos, mas não mais cumprindo tarefas desumanas, embora ainda realizassem uma tarefa menor, se comparada à realizada pelo homem branco. Nesse sentido, a saída encontrada por Ewbank para o negro é a que segue:

> A proposta é: quantidades ilimitadas de força devem ser elaboradas a partir da matéria inerte, e que serão aplicados dispositivos mecânicos para os trabalhos exaustivos dos escravos, sendo estes os únicos a realmente pôr um fim ao tráfico de escravos. Esse é o plano da natureza e, portanto, é eficaz, sem ser violento;

---

53 *Ibidem*, p. 7.

leve, progressista e conservador, não prejudicial para a classe, mas vantajoso para todos os interesses. Nele, a moral da escravidão é invertida. As forças empregadas não possuem sentimento e têm grande capacidade para o trabalho, se aproximando assim de cumprir e respeitar a vontade do Criador. O trabalho humano torna-se melhor em seu caráter e se reduz em quantidade e intensidade, que é essencial para a saúde e vigor mental. Realizado com inteligência, o negro se ocupa na direção de outras forças. O escravo se transforma em um capataz. Há então esperança para o negro. Sua raça não está destinada a permanecer como servos desinformados.[54]

Embora inferior mentalmente e associado à barbárie, havia saída para o negro: tornar-se, nessa concepção, mão de obra barata. O contexto histórico nos ajuda a compreender melhor esses dois escritos. Ewbank, ao publicar o panfleto, posicionou-se claramente sobre os temas que envolviam o negro, baseando-se na "distribuição geográfica das raças" pelo globo. Aqui, avaliou a questão de forma geral e não se remeteu exclusivamente ao Brasil, embora tratasse aqui e ali das regiões tropicais. Nessa data, as divisões entre Norte e Sul nos Estados Unidos eram tamanhas que já apontavam para o conflito de grandes proporções que teve lugar entre 1861 e 1865. Foi também nesse período que a poligenia passou a ganhar mais espaço naquele país, em razão das concepções que postulavam não apenas a inferioridade do negro, mas a existência de lugares que eram mais apropriados à sua raça.

O tempo entre a publicação de *Life in Brazil* e *Inorganic forces* é de apenas quatro anos. No entanto, como vimos, Ewbank, apesar da sua avaliação negativa, decidiu manter uma certa ambiguidade sobre determinados temas em *Life in Brazil*, o que não ocorreu em *Inorganic forces*,

---

54 *Ibidem*, p. 26-27.

texto em que o autor se posicionou de forma mais agressiva sobre o tema da raça, escravidão e "mestiçagem". De uma ou de outra maneira, certamente, a oportunidade de observar, em sua viagem ao Brasil, como viviam e "degeneravam" diferentes raças em um país tropical provavelmente levou-o a confirmar determinadas concepções e deixá-las ainda mais claras, fazendo-o posicionar-se de forma ainda mais intolerante no seu último escrito. Para ele, era um problema a equacionar: a sociedade que adotava e que optara pelo progresso e civilização via-se na iminência da abolição. O que fazer com os negros livres foi uma questão que mobilizou políticos, cientistas e intelectuais, não só nos Estados Unidos mas em outros países das Américas, como o Brasil.

Embora o meu objetivo central seja analisar as representações sobre o Brasil e os brasileiros contidas em *Life in Brazil,* creio ser importante demonstrar que, a partir da análise de outros escritos do autor, foi possível não apenas confirmar a forte ligação de Ewbank com a Etnologia e com o ideal de progresso, mas também perceber sua mudança de posição com relação ao negro. Alexsander Gebara, ao estudar os escritos do inglês Richard Burton sobre algumas regiões do mundo, identificou que o viajante foi modificando a forma de classificar e compreender os povos e países que visitou, estando essas transformações relacionadas à crença do autor em determinadas teorias sobre o gênero humano, que foram se modificando à medida que os anos passavam e as discussões sobre raça apresentavam novas perspectivas.[55] Da mesma forma, Ewbank foi definindo as suas posições com o correr do tempo e tendo em vista os locais que visitou, principalmente o Brasil.

As indicações são de que, inicialmente, Thomas Ewbank acompanhou a perspectiva monogenista, que tinha lugar nos debates da

---

55 Cf. GEBARA, A. L. A. de. *A experiência do contato: as descrições populacionais de Richard Francis Burton*. Dissertação (mestrado em História) - Faculdade de Filosofia, Letras e Ciências Humanas, USP, São Paulo, 2001.

American Ethnological Society, na qual o importante defensor do monogenismo, Albert Gallatin, tinha papel preponderante. Na década de 1850, o autor já se colocava fortemente contra a "mestiçagem". Chegou mesmo a considerar que em determinadas regiões, como nos trópicos, algum tipo de servidão se justificaria. Como as posições acima poderiam ser advogadas tanto por alguns monogenistas como por poligenistas, não foi possível comprovar, ao longo da pesquisa, se Ewbank permaneceu como monogenista, legitimando a escravidão em sociedades que apresentassem determinadas condições nos climas tropicais, ou se voltou para a poligenia. O que é importante ressaltar aqui é que Ewbank, em seus textos, foi se concentrando cada vez mais na questão do negro, acompanhando a tendência que se verificava nos Estados Unidos. Ele debatia com os pensadores que discutiam a questão da raça, sendo que ele próprio demonstrava certa ambiguidade aqui e ali – ou estava ele mesmo definindo as suas colocações (como também a Etnologia no período) –, especialmente se avaliarmos todos os seus escritos.

Segundo George M. Frederickson, Ewbank, em *Inorganic forces*, ao mesmo tempo em que considerava algum tipo de servidão negra nos trópicos, desde que ela fosse um ponto de partida para a mudança da sociedade e para o incremento da técnica, foi contra a proposição de que os novos territórios incorporados após a Guerra com o México, em 1848, fossem escravocratas; como mencionado, este tema dividiu o país e o levou à Guerra de Secessão, que teve início em 1861.[56]

Assim, o acesso a esse panfleto nos permitiu reafirmar a crença de que Ewbank estava inserido no grande debate que se travava nos Estados Unidos sobre o lugar do negro na sociedade. Mais que isso: ajuda-nos a compreender algumas das concepções que fundamentaram suas proposições acerca do desenvolvimento da civilização nos trópicos. O clima tropical, considerado de forma pontual pelo autor

---

56   Cf. FREDERICKSON, *op. cit.*, p. 143.

em *Life in Brazil* como forte impedimento ao progresso, é em *Inorganic Forces* amplamente discutido a partir de diversos argumentos. Suas opiniões sobre o negro e a escravidão tornaram-se mais evidentes e foram de grande valia para acompanhar os direcionamentos do autor frente aos problemas do seu tempo.

Life in Brazil, como já dito, é muito utilizado por historiadores. E é de fato um documento bastante útil para os pesquisadores que buscam discutir a sociedade brasileira da época, uma vez que seu texto é rigorosamente descritivo e detalhista.[57] Contudo, a visão negativa que expressa sobre o Brasil deve ser compreendida no âmbito do debate que se travava na época sobre a "origem do homem" e o "lugar de determinadas raças em seus respectivos ambientes geográficos", temas que na época ajudaram a constituir o campo da Etnologia.

---

57 Para trabalhos que utilizam relatos de viagem no intuito de compreender aspectos da sociedade visitada, no caso o Brasil, cf.: VAILATI, Luis Lima. *A morte menina. Infância e morte infantil no Brasil dos oitocentos (Rio de Janeiro e São Paulo)*. São Paulo: Alameda, 2010. – Para um trabalho que utiliza relatos de viagem como uma das fontes importantes para compreender a vida no mar, em especial o tráfico negreiro, cf.: RODRIGUES, Jaime. *De costa a costa: escravos, marinheiros e intermediários do tráfico negreiro de Angola ao Rio de Janeiro(1780-1860)*. São Paulo: Companhia das Letras, 2005.

CAPÍTULO 3
Monarquia e Igreja Católica nos trópicos

Além do clima que degenerava a "capacidade mental humana", da escravidão e da mistura indiscriminada de raças que impediam o desenvolvimento do país, havia mais dois aspectos de enorme relevância na composição da imagem que Ewbank construiu sobre o Brasil, os quais o viajante também considerou como elementos impeditivos ao progresso e desenvolvimento, em seu mais amplo sentido: o regime monárquico de governo e a Igreja Católica. Neste capítulo, inicialmente, procuro discutir brevemente a ideia de República que se consolidou nos Estados Unidos, bem como as bases protestantes que se articularam com a política norte-americana; por fim, refiro-me, também brevemente, ao Império brasileiro e analiso como o autor tratou destes temas em seu relato de viagem.

O IDEAL DE REPÚBLICA E VIRTUDE CÍVICA NOS ESTADOS UNIDOS

Para melhor compreendermos as críticas realizadas pelo autor sobre a Monarquia, convém primeiramente entendermos alguns aspectos relativos à República nos Estados Unidos, a qual Ewbank demonstrou abraçar tão profundamente como qualquer "patriota" norte-americano o faria.

É sabido que os Estados Unidos instituíram a primeira República moderna bem-sucedida do Ocidente.[1] Nesse sistema de governo, primava-se pelo discurso que se remetia à preservação da "liberdade", opondo-se veementemente à "tirania e ao despotismo da Monarquia". Para tanto, criou-se uma nova estrutura governamental nos Estados Unidos, baseada na distribuição de poderes que já vinha sendo discutida na Europa. Além disso, instituiu-se que o seu representante maior não teria poderes vitalícios ou hereditários, pois governaria por quatro anos e seria eleito através de votação censitária e indireta. Na época, muitos não acreditavam que uma República poderia ser bem-sucedida em grandes territórios. Os Estados Unidos, a partir da representação política e por meio de votação indireta e censitária, instalaram uma República em um grande território. Cabe lembrar que, por si só, o termo República se contrapõe à Monarquia.[2]

Um Estado republicano e sua liberdade soberana, no entendimento dos revolucionários, requeriam de parte da população o exercício da responsabilidade individual na participação política, ou seja, aquilo que consideravam como "exercício da virtude". Para tanto, o cidadão deveria ter a consciência de seu papel e da consequência de suas ações na sociedade. O exercício da virtude consistia em colocar os interesses públicos acima dos privados. Gordon Wood ressalta que no período revolucionário era clara a convicção dos norte-americanos de que, a partir do republicanismo, estariam formando "um mundo novo". Dentro deste espírito, era necessário certo tipo de "atitude republicana", que primava pela autonomia do indivíduo, frugalidade, engenhosidade, temperança e simplicidade. Juntamente

---

[1] Há que se mencionar a experiência da República romana da Antiguidade e das cidades-estado italianas da Renascença.

[2] Ver: BOBBIO, Norberto; MATTEUCCI, Nicola; PASQUINO, Gianfranco. *Dicionário de Política*. 1ª ed. Brasília: Ed. UnB, 1998, p. 1107-1114.

a esses valores, Wood afirma que, para muitos norte-americanos, a Independência congregava muitos significados:

> Republicanismo significava mais que simplesmente a eliminação do rei e a instituição de um sistema eletivo. Somava-se uma dimensão moral, uma intensidade utópica na separação política da Inglaterra, a qual envolvia muitas pessoas da sociedade.[3]

Pode-se discutir com Wood se essa característica se restringia exclusivamente aos Estados Unidos, mas, por enquanto, sua observação nos serve para compreender a forma incontestável e sem juízo crítico com que Thomas Ewbank abraçou as ideias republicanas norte-americanas. Wood também se remete exclusivamente ao período da Independência nos debates para a instituição do Estado nacional ao final do XVIII; contudo, sabe-se que a quase "sacralização" da República nos Estados Unidos tornou-se lugar-comum ao longo do século XIX, levadas em consideração as várias conjunturas e as mudanças que marcaram as sociedades nesse período.

A Independência dos Estados Unidos e a instituição do Estado nacional em moldes republicanos foram feitas tendo como elemento central a bandeira da liberdade contra a metrópole, como em outros países da América Hispânica, que também optaram por instituir a República. Cabe mencionar o paradoxo de tal situação, já que na prática essa liberdade ou exercício de cidadania não existia para muitos, pois não eram considerados os escravos, as mulheres, os índios e aqueles que não possuíam propriedade. Edmund Morgan, ao tratar da escravidão neste mesmo período, salienta que um quinto da população no período da Revolução era de escravos, sendo, portanto, uma

---

3 WOOD, Gordon. *The Creation of American Republic – 1776-1787*. North Carolina: University of North Carolina Press, 1998, p. 47.

incoerência considerar essa parte da população como exceção. Indo além, este autor afirma:

> O surgimento da liberdade e da igualdade no país foi acompanhado pelo surgimento da escravidão. O fato de que duas evoluções tão contraditórias ocorressem simultaneamente durante um largo tempo, do século XVII ao XIX, constitui o paradoxo central da história americana.[4]

A importância de ser proprietário de terras, desde o período que antecede a Independência, estava vinculada à ideia de que somente aqueles que possuíam os meios de subsistência eram verdadeiramente livres. E a liberdade individual foi um ponto-chave do ideal republicano, defendido por muitos teóricos da *commonwealth*, como também observou Morgan. Desse modo, aqueles que não possuíam tais meios deviam ser mantidos sob controle, inclusive para o bem da República. Este foi um pressuposto que de certa forma legitimou a continuidade da escravidão.

Nos Estados Unidos, a partir do último quartel do século XVIII, a elite política, seus governantes e pensadores construíam o seu Estado Nacional, e junto com ele, procuraram conformar o ideário da nação, buscando instituir uma identidade nacional. Nesse processo, o ideal republicano e liberal, juntamente com outros símbolos, se consolidou no imaginário social norte-americano como emblema da virtude da nação, reafirmando o mito de ser aquela uma sociedade excepcional. Eles se consideravam como os primeiros da modernidade a instituir com sucesso um novo formato republicano de governo com bases representativas, ainda que a República norte-americana, como já indicado, fosse devedora das ideias que circulavam entre Europa e

---

4   MORGAN, Edmund S. "Escravidão e liberdade: o paradoxo americano". *Revista Estudos Avançados*, n. 14(38), 2000, p. 122.

Américas.⁵ Dessa maneira, posicionavam-se quanto às questões políticas, como pioneiros e superiores em relação às monarquias.

Dado que a República que defendiam contrariava a maioria dos aspectos da Monarquia, permaneceu, desde os tempos da Independência, a aversão aos princípios e costumes que regiam os governos monárquicos, sendo uma de suas manifestações a recusa em adotar qualquer tipo de formalidade ou cerimônia que se assemelhasse àquelas presentes no "sistema rival". A República nos Estados Unidos – bem como a construção dos "heróis nacionais", tais como George Washington, Thomas Jefferson, Benjamin Franklin e James Madison – buscou uma unidade nacional sem a aglutinadora presença real. A República, além de regime de governo, foi ela mesma um dos principais emblemas nacionais, na medida em que, através de aparatos simbólicos como os citados "pais fundadores", propunha-se vínculos identitários, procurando solidificar na população o sentimento de pertencimento a uma comunidade imaginária.⁶ No entanto, como se sabe, muitos desses "pais fundadores" eram virginianos e, portanto, republicanos, mas também grandes proprietários e donos de escravos.

Tal concepção esteve também articulada à ideia que circulava na época (nos sermões religiosos, entre pensadores, nos jornais etc) de que os norte-americanos descendiam dos puritanos da Nova Inglaterra – ainda que aquela sociedade fosse formada por uma distinção de seitas protestantes, além da Igreja Anglicana que, depois da Independência do país, foi transformada em Igreja Episcopal – como veremos a seguir. De qualquer forma, as questões republicanas

---

5   Sobre as ideias europeias que ajudaram a promover a Independência norte-americana, consultar BAYLIN, Bernard. "Fontes e tradições". In: *As origens ideológicas da Revolução Americana*. Bauru: Edusc, 2003.

6   Sobre o processo de construção das identidades nacionais ver: ANDERSON, Benedict. *Comunidades imaginadas: reflexões sobre a origem e a difusão do nacionalismo*. São Paulo: Companhia das Letras, 2008.

estiveram, em maior ou menor grau, vinculadas às proposições protestantes naquele país.

Na primeira metade do século XIX, os Estados Unidos anexaram a seu território grande quantidade de terras. Entre 1778 e 1848, o território norte-americano aumentou em 11 vezes o seu espaço territorial. A conquista rumo a Oeste acentuou o sentimento nacionalista e de excepcionalidade e estimulou o mito de terem eles, como "povo escolhido por Deus", o dever de expandir a nova República, livre das amarras monárquicas.[7] Dessa forma, nos Estados Unidos a República foi concebida e construída também como um valor moral, aos poucos interiorizado pelos norte-americanos. Foi esse mundo que o inglês Ewbank abraçou, defendeu e enalteceu.

AS BASES PROTESTANTES NORTE-AMERICANAS

Tendo em vista que este capítulo tratará dos temas República em oposição à Monarquia, e protestantismo em oposição ao catolicismo, sempre através das opiniões e julgamentos produzidos por Thomas Ewbank, considero pertinente tecer algumas considerações sobre a forma como religião e política, de certa forma, andaram juntas nos Estados Unidos.

Naquele país, muitos movimentos religiosos de denominação protestante defendiam princípios políticos porque atribuíam um valor excepcional ao republicanismo (e vice-versa), a ponto de tomarem para si a responsabilidade de, como missionários, transmitirem esse ideal dentro e fora do país, unindo o maior número de pessoas em um esforço coletivo de reforma moral e social, como pode ser visto nos *Revivals* religiosos da primeira metade do século XIX. Vemos, dessa forma, que o esforço em construir uma identidade republicana junto

---

[7] Cf. JUNQUEIRA, Mary A. "Oeste, *wilderness* e fronteira no imaginário norte-americano". In: *Ao sul do Rio Grande*. Bragança Paulista: Edusf, 2000.

ao ideal protestante, no período em que viveu Thomas Ewbank, foi fortemente alimentado das mais variadas formas.

A historiadora Cecília Azevedo tece importantes considerações sobre o peso do protestantismo na cultura norte-americana, fato que nos ajuda a compreender com mais profundidade as bases culturais que determinaram o olhar de Ewbank sobre a sociedade brasileira. Para a autora, o protestantismo exerceu e ainda exerce papel fundamental na história e nas ações políticas dos Estados Unidos, lugar em que o sistema político parece estar indissociado de sua fé.[8] Nesse sentido, Azevedo afirma:

> Baseada nas fórmulas de alguns autores e demonstrada através de alguns exemplos, é a de que esse elemento central, que permite a conexão entre religião e política, puritanismo e liberalismo político, é justamente um forte sentido de virtude e missão.[9]

Azevedo mostra como política – no caso aqui, o ideário republicano – e a religião foram constantemente articulados para fazer valer esse ou aquele projeto, defender ideias e propor moralidade na política. Mas ela ressalva que a religião foi e ainda é muito utilizada para fins de retórica política, uma vez que nos Estados Unidos, ressalte-se, a Igreja está separada do Estado.

Como veremos, Ewbank rejeitava o catolicismo e a Monarquia, e acreditava que o protestantismo e o regime político republicano eram os mais condizentes com os mais altos graus de civilização. Este modelo estava instalado na zona temperada da América do Norte. Para ele, as Igrejas protestantes ocupavam um determinado lugar no Estado republicano e laico, enquanto o catolicismo misturava-se a todas

---

8 AZEVEDO, Cecília da Silva. "A santificação pelas obras: experiências do protestantismo nos EUA". *Revista Tempo*, Rio de Janeiro, n.11, 2001, p. 111-129.

9 *Ibidem*, p. 120.

as práticas sociais no Brasil. Contudo, reiteramos que, embora nos Estados Unidos a Igreja estivesse separada do Estado desde o início da construção do Estado nacional, é preciso reforçar que, naquele país, a religião e a política sempre foram apropriadas e reposicionadas, em uma espécie de parceria implícita, na medida em que os preceitos religiosos protestantes apoiavam o ideal republicano construído naquela nação, bem como a ética do trabalho e a moralidade implícita neste tipo de governo.

DOS MALES DA MONARQUIA

O Rio de Janeiro da primeira metade do século XIX era uma cidade repleta de contrastes. A natureza exuberante que circundava a cidade, as numerosas festas religiosas, assim como os cortejos reais, aliados a uma quantidade expressiva de mulatos e negros escravos e libertos, promoviam uma imagem especialmente impressionante aos olhos dos estrangeiros, como salienta Luciana Lima.[10] Importante ressaltar, como afirma Alencastro, que durante o período imperial, a escravidão foi – mais do que herdada do período colonial – endossada pelo sistema de governo, onde o mesmo retoma e reconstrói a escravidão no quadro do direito moderno, dentro de um país independente, projetando-a sobre a contemporaneidade.[11]

A carta de 1824 estabeleceu no Brasil uma Monarquia constitucional, que firmou as bases estruturais da política e administração do Império. Nela, ficou determinado:

---

10 Cf. MARTINS, Luciana de Lima. *O Rio de Janeiro dos viajantes: o olhar britânico (1800-1850)*. Rio de Janeiro: Zahar, 2001, p. 13.
11 ALENCASTRO, Luis Felipe. "Vida Privada e ordem no Império". In: ALENCASTRO, Luiz Felipe.; NOVAIS Fernando A. Novais (orgs.). *História da vida privada no Brasil*: Império: a corte e a modernidade nacional. São Paulo: Companhia das Letras, 1997, p. 17.

> A adoção da forma de governo monárquica, hereditária e constitucional, a divisão politico-administrativa do território em províncias e a separação do poder político em quatro instâncias – Poder Executivo, exercido pelo Imperador e seus ministros de Estado; Poder Legislativo, composto por Senadores e deputados gerais e provinciais; Poder Judiciário, formado pelos juízes e tribunais, dos quais o de mais alto grau era o Supremo Tribunal de Justiça; e Poder Moderador, "chave-mestra de toda a organização política", exercido pelo Imperador.[12]

Em 1846, um ano antes de ser implantado aquilo que ficou conhecido como "parlamentarismo às avessas", podiam votar nas eleições primárias somente aqueles que possuíssem uma renda acima de 100 mil-réis anuais. As eleições eram indiretas e realizadas em dois turnos; no primeiro, os cidadãos votavam para escolher os eleitores de províncias que, por sua vez, reunidos em colégios eleitorais, votavam em deputados provinciais e nacionais e também em senadores, estes últimos selecionados pelo imperador. Para ser eleitor de província, era necessária a renda mínima de 200 mil-réis por ano, calculada a partir de 1846, em prata, fator que dobraria o valor da mesma, exigida antes desse ano.[13] O imperador, como vimos, exerce o Poder Moderador e estava acima dos partidos políticos e também da sociedade. Embora houvesse certa representatividade e divisão de poderes, é inegável sua soberania nas decisões, em seu mais amplo alcance.

Pedro II, então imperador do Brasil, contava seus 21 anos quando da estadia de nosso viajante ao Rio de Janeiro. As biografias sobre ele

---

12 VAINFAS, Ronaldo. *Dicionário do Brasil Imperial*. Rio de Janeiro: Objetiva, 2002, p. 170.
13 *Ibidem*, p. 224.

remetem o leitor à imagem de um homem admirador da modernidade e das ciências:

> Considerado o mais ilustrado dos monarcas do seu tempo, impôs-se pelas virtudes intelectuais e a vasta cultura, surpreendendo notáveis interlocutores, a exemplo de Nietzsche, seu companheiro de prosa numa viagem pela Suíça.[14]

De acordo com Alencastro, a escravidão, bem como o tráfico negreiro na década de 1840, encontrava-se em franca expansão, apesar de legalmente proibido desde 1831. Por outro lado, no período em que Ewbank esteve no Rio de Janeiro, a cidade se firmava como referência cultural e centro irradiador de modernidade, modismos, hábitos e costumes europeus para o resto do país.[15]

Como já indicamos, Thomas Ewbank, apesar de sua origem inglesa, demonstrou, tanto em seu relato de viagem como em outros escritos, rejeitar e mesmo menosprezar a forma monárquica de governo. Em total sintonia com as ideias republicanas, o autor procurou demonstrar os males causados pela Monarquia no Brasil.

No capítulo 1 de *Life in Brazil*, momento descrito na narrativa, em dezembro de 1845, quando o viajante se encontrava ainda em solo norte-americano, deslocando-se de Nova York até o porto de Richmond para embarcar no *Mazzepa* em direção ao Rio de Janeiro, expôs a opinião de parte dos norte-americanos sobre as formas monárquicas de governo. Naquele momento o país discutia fervorosamente sobre a anexação da região do Oregon pelos Estados Unidos,[16] e, ao mencionar este assunto, o autor escreveu:

---

14 *Ibidem*, p. 200.

15 Sobre esse assunto, ver: ALENCASTRO, *op. cit*. Ver também: FAUSTO, Boris. "O segundo reinado". In: *História do Brasil*. São Paulo: Edusp, 1994.

16 A anexação dessa região aos Estados Unidos aconteceu em 1846, durante a

> Passando por Jersey, multidões reuniam-se em cada vilarejo na expectativa da mensagem presidencial. Esta nos encontrou em Bristol, onde cada um respondia aos sentimentos sobre o Oregon. Era universal a sensação de que nenhum outro pedaço da América do Norte deveria ser poluído pela monarquia e que aqui, aconteça o que acontecer, o povo deveria ficar livre dos males de governantes hereditários, direitos de primogenitura, dízimos e um Estado sacerdotal.[17]

Aqui, Ewbank demonstrou como a República era aclamada nos Estados Unidos e se utilizou desse fato para reiterar a sua posição política. Ao expressar a opinião norte-americana sobre o tema, o autor demarcou sua posição sobre o assunto antes mesmo de pisar em solo monárquico. O excerto demonstra que Ewbank já tinha opiniões muito bem concebidas sobre a República e a Monarquia e sobre o protestantismo e o catolicismo, antes mesmo de chegar ao Brasil. Assim, podemos inferir que o autor viajou para buscar elementos e assim corroborar o que já pensava sobre esses temas.

---

presidência de James K. Polk, que, além de finalizar as negociações da anexação do Texas, voltou seus interesses para a enorme região do Oregon, que se estendia das Montanhas Rochosas até o Pacífico e da fronteira da Califórnia (ainda província mexicana), ao sul, até o Alasca russo. A região era disputada por russos, ingleses e norte-americanos, no período em questão. Havia um tratado que permitia a ocupação conjunta de ingleses e norte-americanos, acordo que poderia ser rompido por qualquer uma das partes desde que fosse dado um aviso prévio de um ano. No início da década de 1840, com a expansão a Oeste, a ocupação do território por norte-americanos aumentou vertiginosamente, fato que impulsionou o interesse em anexar a região definitivamente ao território norte-americano. Para uma breve descrição desse assunto, ver SELLERS, Charles; MAY, Henry; MC-MILLEN, Neil R. *Uma reavaliação da história dos Estados Unidos: de colônia a potência imperial*. Rio de Janeiro: Zahar, 1990, p. 169-70.

17 EWBANK, Thomas. *Life in Brazil, op. cit*, p. 17.

Já no Brasil, em visita ao Arsenal Militar, o autor demonstrou que em um país regido pela Monarquia prevaleciam hábitos nada admirados em um sistema republicano de governo:

> Ao meio dia os operários saem para jantar, cada um deles tirando o chapéu ao passar pelo portão externo – um tipo de cerimônia imposta a cada um, importantes ou não, estrangeiros ou nacionais, em todo edifício governamental. Assim sendo, na miserável entrada da Alfândega, negociantes, capitães e todas as outras pessoas que usam chapéu devem tirá-lo, ao entrar ou sair, 50 vezes por dia se lá forem com tanta frequência. Este modo oriental de garantir reverência aos governantes parece ser uma espécie de homenagem semelhante à exigida por Gesler (sic), que colocou seu chapéu num poste e exigiu que todos os passantes curvassem o joelho. Aqui também, onde quer que haja uma reprodução em lata da cabeça do Imperador, todos devem descobrir-se em reverência, da mesma forma como se estivessem entrando numa igreja.[18]

Ao mencionar Hermann Gessler, tirano que governou a Áustria no século XIV, o viajante associou a imposição de prestar reverência ao monarca à tirania. Tal relação colocou em evidência, como já dito, dois aspectos os quais sabemos causar rejeição em parte dos republicanos e protestantes norte-americanos, já que tanto a tirania como a "sacralização" de um homem submetia uns aos outros, criando distinções em "homens que deveriam ser considerados iguais".

A manifestação orgulhosa e exagerada de Thomas Ewbank sobre a Independência norte-americana é expressa em *Life in Brazil* no dia 4 julho. O autor associou o ato da colonização inglesa na América do

---

18   *Ibidem*, p. 73.

Norte à escravização dos homens, como era comum desde a independência do país:

> Dia 4 – Os homens dos navios de guerra americanos, em traje de gala, fizeram as águas da baía borbulharem e o ar reverberar entre as montanhas, em honra deste dia em que começou o mundo o libertar-se da escravidão.[19]

Aqui está claro como o inglês Thomas Ewbank abraçou com força o regime republicano, tal como o implementado nos Estados Unidos. As manifestações de oposição e desprezo de Ewbank pelo regime monárquico de governo, e no caso para com o Império brasileiro, podem ser acompanhadas nos comentários sobre as sessões da Câmara e do Senado na capital do país, as quais ele assistiu e, como não podia deixar de ser, reprovou. O viajante procurou apresentar ao leitor como se davam tais reuniões, privilegiando em seu discurso a falta de interesse da população em participar da vida política local, bem como da importância que os brasileiros imputavam aos rituais e cerimoniais da Monarquia, considerados superficiais e exagerados. Ressaltou a preocupação dos brasileiros com a aparência, traduzida pela vestimenta dos políticos, excessivamente formal e desconfortável:

> Chegou a hora, e não havia mais de 50 espectadores nas galerias, embora a entrada fosse franca. Com a exceção de quatro padres, senadores e deputados estavam em trajes de cerimônia – calças brancas, paletós verdes abotoados até o queixo e meio cobertos de renda, espada e chapéu. Quase todos, de estatura média e corpulentos – nenhum Cássio entre eles.

---

19 *Ibidem*, p. 391.

Aos brasileiros não faltam os elementos de grandeza, mas um patriota, em trajes caseiros, um Franklin, Fócio ou um Dentatos dificilmente seria apreciado.[20]

Como se vê, Ewbank preocupava-se com os detalhes da vida cotidiana. Sua última observação é sobre Benjamin Franklin – considerado um dos "pais fundadores" da nação norte-americana, um dos que compuseram a galeria de heróis exemplares que ajudaram a conformar o país "excepcional". Franklin pode ter sido eleito por Ewbank como exemplo exatamente pelo mito criado em torno de sua personalidade: simplicidade, disciplina, controle do tempo dirigido para os negócios, denotando assim uma postura pragmática, voltada para o trabalho e realizações práticas, o que lhe fazia dedicar pouco ou nenhum tempo à aparência ou temas superficiais, exatamente o oposto daquilo que observara na sessão legislativa e na elite brasileira. Além disso, é interessante notar que ele colocou Franklin ao lado de nomes da Antiguidade.[21]

Podemos inferir a partir de suas observações que o autor incorporou os valores republicanos e estava imbuído pelo mito da excepcionalidade que constituía a nação norte-americana: a professada "virtude cívica" que exigia a participação ativa do cidadão nos assuntos públicos, a simplicidade em contraposição aos excessos de qualquer natureza e o pragmatismo – valores fortemente presentes na cultura norte-americana, especialmente naquela que compunha parte da população conhecida como WASP (white, anglo-saxon, protestant). O autor, ao mencionar a pouca participação do público nas questões do Império, não reconhecia entre os brasileiros a existência de qualquer

---

20 *Ibidem*, p. 278.
21 Fócio, patriarca e bispo de Constantinopla, foi um dos principais responsáveis pelo Cisma Grego – separação das Igrejas romana e ortodoxa –, e Dentatos, herói dos primeiros tempos da República romana e defensor da plebe, é mencionado como um homem que prezava por uma vida simples e incorruptível.

"virtude cívica", comum entre os republicanos. No entanto, vale mencionar que a própria existência de um Senado e uma Câmara no Brasil demonstra que havia alguma divisão de poderes no Império e que, como visto, a Monarquia aqui não era "absoluta", ainda que D. Pedro II concentrasse em suas mãos muito poder, além do sistema escravocrata que ajudava a manter. Mas Ewbank não era homem de ver complexidades nas sociedades. Com as suas observações, ajudou a criar uma imagem negativa do Brasil muito forte e resistente.

Ao citar Franklin como exemplo, o autor se faz compreender pelo público norte-americano. Sua observação sobre a incapacidade do brasileiro em valorizar os feitos ao invés da aparência dos homens mais uma vez posicionou o brasileiro como incapaz de reconhecer e pôr em prática "atitudes individuais responsáveis", como as que pediam os republicanos.

Aprofundando-se em sua percepção sobre as formalidades presentes no Império brasileiro, Ewbank narrou também o ritual que precedia o início dos trabalhos no Senado, bem como a entrada do imperador em seus exagerados trajes, tão desconfortáveis que o impediam até mesmo de sentar-se de maneira "honrosa". O viajante então observou a forma como o imperador se comportou em sua breve permanência naquela sessão, na qual se manifestou através da leitura de um discurso previamente preparado:

> Leu-a bem, diria mesmo, muito bem. Sua dicção é rápida, porém distinta e agradavelmente matizada e enfática. Sua voz é um tanto feminina. É musical, mas ligeiramente nasal, de quem abusa do rapé. Terminando a leitura de três páginas do documento, estendeu-o a um funcionário, ergueu-se, acenou ligeiramente com a cabeça à imperatriz que estava nas galerias, apanhou o cetro, deu um olhar para trás onde estava o Marquês que lhe segurava a cauda, inclinou para os senadores e

saiu como entrou. A cerimônia durou uns 12 minutos. […] Tão excessivamente minuciosos em ninharias que são os brasileiros, estávamos ainda diante de apenas parte das cerimônias. Ou a cadeira era muito baixa, ou as pernas de Dom Pedro muito longas. Parecia como se, sentando-se, ele descobrisse que não poderia mantê--las em posição vertical sem que alguma parte de sua indumentária se desalinhasse; e como ele não acharia honroso atirá-las para a frente, era compelido a pô-las debaixo do assento, onde, a julgar por sua inquietude, deveria estar muito descontente (como outros cavalheiros histriônicos, os atores reais devem submeter-se à crítica). A coroa deste cacique moderno é uma massa grande, esférica e sem graça, que a distância poderia ter dado a impressão de uma cabeça com hidrocefalia.[22]

Os recursos utilizados por Ewbank para defender a República como a instalada nos Estados Unidos foram: desqualificar o imperador brasileiro, diminuir a sua importância e ridicularizar as cerimônias e rituais que o circundavam. Primeiro, imputou ao imperador traços efeminados, ao mencionar a feminilidade de sua voz. Em seguida, o chamou de "cacique moderno" – termo que remete à ideia de concentração de poder nas mãos de um único homem. Ademais, o autor retratou a cena como se de fato não passasse de uma atuação em um palco, apontando assim a teatralidade da situação – e, de forma implícita, a falta de seriedade e de uma postura mais pragmática. Preocupados como estavam com as pompas e em demonstrar reverências ao imperador, pode-se inferir que o viajante considerava comprometida a dedicação dos homens de governo a assuntos e à realização de feitos de peso da nação.[23]

---

22 EWBANK, Thomas. *Life in Brazil, op. cit.*, p. 278-9.
23 Outro aspecto interessante a ser considerado reside no fato de que, em 106

Desconsolado, em sua visita ao Palácio de Campo do imperador, Ewbank criticou o fato de que alguns ministros norte-americanos estariam se submetendo a tais rituais, prestando, em suas palavras, "humilhante homenagem" ao monarca em suas visitas ao Brasil:

> A sala do trono era grande e escura, precisando ser iluminada por candelabros. Os brasileiros são apegados às solenes tolices das cerimônias das cortes de Portugal e outros países da Europa que dificilmente se pode testemunhar sem sentir desprezo pelos seus atores. Causa profundo abalo ver ministros americanos prestando à monarquia humilhante homenagem, coisa que as repúblicas da Grécia não permitiam que seus embaixadores prestassem nem mesmo na corte da Pérsia. O comodoro Wilkes, quando aqui esteve viu pouca coisa, mas o suficiente para se desgostar.[24]

Charles Wilkes foi o comandante da primeira viagem científica de circunavegação norte-americana, a U.S. Exploring Expedition, entre os anos de 1838-42.[25] Ewbank procura validar sua impressão sobre a Monarquia citando o relato de viagem do comandante da expedição. Tal fato indica também como eram comuns, na época, impressões negativas sobre o Brasil e semelhantes às que o viajante construía ou reforçava. Com relação aos ritos monárquicos, por exemplo, de fato

---

ilustrações que compõem o relato de viagem, nenhuma delas representou qualquer imagem do imperador ou de elementos diretamente relacionados à Monarquia.

24 EWBANK, Thomas. *Life in Brazil, op. cit.*, p. 146.

25 Sobre esta viagem ver : JUNQUEIRA, Mary Anne. "Charles Wilkes, a U. S. Exploring Expedition e a busca dos Estados Unidos da América por um lugar no mundo (1838-1842)". *Revista Tempo*, vol. 13, n. 25, 2008, p. 120-138. Disponível em: <http://www.scielo.br/scielo.php?script=sci_arttext&pid=S1413-77042008000200006&lng=en&nrm=iso&tlng=pt> Acesso em: 28 dez. 2008.

Wilkes mostrou pouca ou nenhuma simpatia, considerando "ridículo" o cerimonial de honrarias prestadas a Pedro I na ocasião de seu 13º aniversário.[26]

Ao longo do relato, vemos que Henry Wise, embaixador norte-americano que exerceu suas funções no Brasil de 1844 a 1847 e posteriormente foi governador da Virgínia, acompanhou Ewbank em muitos passeios pela cidade. É provável que Wise tenha sido uma espécie de influente anfitrião, que apresentou as práticas e políticas brasileiras ao viajante, oferecendo assim elementos para que Ewbank pudesse construir suas imagens e prognósticos sobre o Brasil. No ano de sua visita, Wise foi deposto de seu cargo, fato que o viajante não deixou passar sem um comentário em sua defesa:

> O Sr. Wise foi subsequentemente afastado. Se os relatórios publicados da primeira entrevista de um dos seus sucessores com a Corte forem de confiança, há uma passagem de Plutarco que diz respeito a dois embaixadores tebanos junto ao Rei da Pérsia digno de ser transcrito: "Pelópidas não tolerava nada que fosse indigno de seu país ou seu caráter, mas Ismênio, quando ordenado a adorar o rei, deixou cair o seu anel, de modo que, inclinando-se para apanhá-lo, fez parecer realizar a prostração requerida". Há republicanos sem mesmo a virtude de Ismênio – afagam a realeza numa extensão tal que, fosse o caso de um embaixador de Atenas ou Esparta, tal ato poderia ter sido punido com a morte.[27]

---

26 Cf. WILKES, Charles. *Narrative of the United States Expedition*. Nova York: G.P. Putnan & Co, 1856, vol.1, p. 49. Disponível em: <www.books.google.com.br>. Acesso em: 15 out. 2010.

27 EWBANK, Thomas. *Life in Brazil, op. cit.*, p. 269.

A partir do excerto acima, subentende-se que Wise não se curvou à forma de governo monárquico, tão pouco se inclinou a prestar honrarias ao imperador. Mas o que Ewbank não relata é que Wise saiu do Brasil sendo considerado *persona non grata* pelo Império brasileiro, devido a sua "petulante" forma de protesto na ocasião da prisão do Tenente Alonzo Davis e de outros marinheiros do navio norte-americano *Saratoga*, devido à má conduta em solo brasileiro.[28]

Ainda sobre o hábito de "servir aos monarcas", o viajante rejubilou-se ao saber que nem todos os brasileiros aceitavam certos tipos de serviços, postura essa que Ewbank relacionou à existência de sentimentos republicanos naqueles que assim agiam:

> Como um fato indicativo de sentimento republicano, um jovem brasileiro de minhas relações recusou-se a suceder seu pai como "cavalheiro do quarto de dormir", dizendo que não prestaria um serviço desses a nenhum homem.[29]

A caminho do Palácio de Campo, Ewbank contou que essa residência, ocupada pelo imperador e por sua família pelo menos durante seis meses do ano, teria sido um presente ao rei de Portugal. Em nota de rodapé, Ewbank novamente comentou sobre a má reputação da realeza portuguesa, acentuando assim a imagem de uma Monarquia cuja moral era duvidosa e seus costumes, tão bárbaros e cruéis quanto os de qualquer povo "não civilizado":

---

28 Cf. MARTINS, Estevão Chaves de R. (org.). *Relações Internacionais: visões do Brasil e da América Latina*. Brasília: Ibri, 2003, p. 141. Nos arquivos do IHGB, foi possível realizar a leitura das cartas e ofícios relatando o caso: Cf. Lata 108, documento 6: "Corveta americana Saratoga. Notas diplomáticas sobre a prisão de um oficial e alguns marinheiros da [ilegível] em novembro de 1846".

29 EWBANK, Thomas. *Life in Brazil, op. cit*, p. 270.

> Miguel, irmão de Pedro I, e tio do atual Imperador, se iguala a qualquer dos carnívoros ungidos dos templos antigos ou modernos. Muitas são as anedotas a seu respeito. Costumava ir ao mercado com companheiros libertinos, e, entre outras brincadeiras, agarrava um leitãozinho, lançava-o para o alto e recebia-o espetado na ponta da espada. [...] Era dessa forma que satisfazia aqui seu gosto sanguinário antes de usar o derramamento de tanto sangue em Portugal. Se os governantes de *jure divino* de nossa terra não bebem sangue, divertem-se com o sangue em sua maioria.[30]

Por fim, vale citar uma passagem em que o viajante elogiou os rio-grandenses do sul (muito embora erre quanto a sua localização, ao afirmar que o Rio Grande do Sul faz fronteira com o Paraguai) por suas convicções republicanas e consequente virilidade, ambas associadas pelo autor:

> Os habitantes do Rio Grande – província mais a sul, fronteira com o Paraguai, são conhecidos como "guascas", devido às correias ou tiras estreitas de couro que levam nas mãos. As extremidades do laço com o qual seguram o gado selvagem são constituídas de tiras de "guascas". Raça corajosa, os riograndenses respondem às afrontas chicoteando os ombros de quem os ofende. Bravos, rijos e imbuídos de princípios republicanos, estiveram em revolta durante 11 anos e apenas recentemente foram induzidos a depor armas. Se continuarem sendo uma parte integrante do Império, provavelmente exercerão uma influência controladora em sua administração.[31]

---

30 *Ibidem*, p. 144.
31 *Ibidem*, p. 140.

Ewbank, como não poderia deixar de ser, elogiou o projeto republicano que moveu a Guerra dos Farrapos ou Farroupilhas, que começou em 1835 e terminou em 1845, um ano antes de chegar ao Brasil. Novamente: apesar do viajante observar, ainda que de forma pontual, algumas positividades, a maioria das suas observações e das fortes imagens que construiu ao longo do relato criou ou reforçou concepções negativas e resistentes sobre o Brasil, podendo algumas delas ser encontradas ainda nos dias de hoje. Não se quer dizer que tal imagem foi criada exclusivamente a partir de fora, externamente, porque o papel dos brasileiros nessa concepção deve ser levado em consideração. Ainda hoje encontramos — por exemplo, na mídia — impressões generalizantes, muitas delas negativas, sobre o Brasil.

DOS MALES DO CATOLICISMO

Não há dúvidas de que a Igreja Católica exerceu uma função primordial no Brasil do século XIX, estando submetida ao imperador em muitos aspectos. O artigo 5º da Constituição de 1824 reiterou que a Igreja Católica Apostólica Romana continuaria a ser a religião do Império. Para exercer um cargo eletivo, era necessário ser católico.[32] A Igreja funcionou como elemento fundamental na burocracia estatal durante boa parte do século XIX. O Império interferia e controlava os assuntos religiosos e eclesiásticos.

No Brasil oitocentista, uma série de disputas de ordem política, social, econômica e cultural envolveu a Igreja Católica, e um dos impasses de que se tem notícia estava relacionado aos debates sobre "a definição do correto sentimento e prática católicos de uma população tradicionalmente apegada a uma religiosidade repleta de devoções, irmandades, festas e procissões, que muitos viam como superstições

---

32 Cf. VAINFAS, *op. cit*, p. 126-7.

e crendices".[33] Dessa forma, nota-se que ao longo do século XIX estava em jogo uma nova postura do catolicismo, que se via ameaçado pela visão de uma elite alinhada com os ideais de progresso e civilização, e que aos poucos passou a acusar a Igreja de responsável pelo "atraso e obscurantismo no Brasil".[34] Ainda assim, esse tipo de expressão religiosa, fortemente marcada pela herança de um catolicismo barroco colonial, que misturava "o sagrado com o profano nas festas religiosas e pela importância do culto aos santos e pela teatralização da religião",[35] permaneceu prestigiada por todas as camadas sociais.

Antes de entrarmos no tema da religião, tal como foi representada no relato de viagem, é necessário destacar os vínculos religiosos do autor. Ewbank não era um homem da elite norte-americana, foi antes de tudo um quadro de estrato médio. Assim, como já indicamos, há lacunas a respeito de alguns aspectos da sua vida, devido à ausência de documentação que comprove algumas indicações. Contudo, ao pesquisar a árvore genealógica do autor, disponível em sites[36] especializados no tema, foi possível encontrar indícios sobre a religião professada pelo viajante. Ewbank se casou em Londres, na Igreja Anglicana de St. Alphage. Tal informação aponta o vínculo do autor à Igreja Anglicana e, já nos Estados Unidos, provavelmente estivesse vinculado à Episcopal Church.

---

33   Ibidem, p. 126.
34   Ibidem, p. 126.
35   Ibidem, p. 127.
36   Ver: <www.phpgedview.com>.Acesso em: 17 mar. 2008. Além desta fonte de informação, busquei contato com seus familiares e até mesmo, nos Estados Unidos, com o cemitério onde Ewbank foi enterrado. Nessas tentativas, infelizmente não foi possível confirmar qual era a Igreja frequentada pelo viajante nos Estados Unidos. Para se ter uma ideia, em nota oferecida pelo jornal *The New York Times*, consta o dia e hora de seu velório, que foi realizado em sua residência. Consta também o nome do cemitério onde foi enterrado, assim como o nome do religioso que faria a cerimônia: Rev. Dr. Brown. Nenhuma igreja, como vimos, é citada.

Após a Independência dos Estados Unidos, a Igreja Anglicana foi completamente reestruturada, visto que o clero anglicano jurava fidelidade à Monarquia inglesa. Grande parte da classe clerical anglicana, assim como outros realistas, deixou o país recém-emancipado, em geral, rumo ao Canadá. A ordem passou a ser chamada de Episcopal Church in the United States ou The Protestant Episcopal Church in the United States. Suponho que Ewbank tenha permanecido como membro dessa ordem, já que frequentava a Igreja Anglicana, quando na Inglaterra.[37]

Ao longo do relato de viagem, Ewbank demonstrou ter enorme interesse e curiosidade por igrejas, celebrações religiosas e pela fé dos brasileiros em suas diversas manifestações. Prova disso é o volume considerável de páginas que o autor reservou para descrever igrejas, festas, enterros, vida nos conventos, história dos santos e a conduta (i)moral dos padres. Logo nas primeiras páginas de *Life in Brazil,* o autor foi bastante incisivo em sua afirmação, imputando ao catolicismo uma forte responsabilidade pelo atraso dos países sul-americanos e pelo baixo desenvolvimento mental de seus habitantes:

> Creio que o Romanismo, tal como existe no Brasil e, em geral, na América do Sul, é uma barreira ao progresso, e outros obstáculos a ele comparados parecem pequenos. Há nesses países estadistas atentos a este fato. Mas, incorporado como está nos hábitos e pensamentos do

---

[37] A doutrina anglicana se divide em pelo menos três vertentes ou tendências dentro da Igreja da Inglaterra: a Igreja ampla, a Igreja alta e a Igreja baixa. Esta última primava pela simplicidade dos rituais, e em muitos aspectos se aproxima de outras doutrinas protestantes, por seu forte apelo evangélico e missionário. Devido às críticas tecidas por Ewbank no que se refere aos ritos católicos, creio ser possível inferir que o autor provavelmente seguia os preceitos da chamada Low Church Party (Igreja baixa). Sobre este assunto, ver: ARMENTROUT, Donald S.; SLOCUM, Robert Boak. *An Episcopal dictionary of the Church.* Church Publishing, Nova York: 2005, p. 312.

povo, transfundido, por assim dizer, em seus ossos e medula, a menos que algum Kempis ou um Fenélon,[38] ou um Lutero ou um Ronge surja para purificá-los, gerações passarão antes que a venda caia de seus olhos, permitindo que se tornem mentalmente livres.[39]

O autor se valeu de pensadores religiosos importantes, alguns associados à doutrina protestante, e outros à mística católica, como no caso de Kempis – vertente religiosa que buscava o contato com Deus pela prática devocional, através de orações individuais e da leitura bíblica, promovendo assim um tipo de experiência religiosa mais pessoal e intimista – como único caminho para "purificar"[40] os brasileiros de sua "cegueira mental". O uso de tais autores, que pregavam justamente um contato mais intimista com Deus, sem a necessidade de intermediários, até mesmo sem a mediação do padre entre fiéis e Deus, representa o oposto do que aqui encontrou. Não foram poucas as vezes em que o viajante se referiu também à relação dos brasileiros com as imagens religiosas. A seguinte passagem indicia algo importante:

> As imagens são peculiares e essenciais ao politeísmo, originando-se nos mais baixos estágios do desenvolvimento mental; sem elas se tornaria difícil imaginar

---

38 Trata-se, provavelmente, de Tomas de Kempis (1380-1471), monge místico católico do período medieval e provável autor de *Imitação de Cristo*. A Igreja Episcopal dos Estados Unidos lhe reserva um dia para homenagem em seu calendário litúrgico.
François Fenélon (1651-1715), teólogo católico, poeta e escritor francês, se destacou por sua escrita sobre educação e seus sermões de grande qualidade. Foi grande estudioso da História Antiga, sendo também acusado pela Igreja de ser um adepto do quietismo, doutrina espiritual que postulava que o homem estaria mais próximo de Deus ao praticar a oração contemplativa e buscar a aquietação da alma, ato que afastaria os fiéis da Igreja e, portanto, declarado pela mesma como heresia.

39 EWBANK, Thomas. *Life in Brazil, op. cit.*, p. IX.

40 Creio que a palavra "purificar" utilizada pelo autor infere a impureza e sujeira quando trata dos hábitos católicos no Brasil.

como se conseguiria uma uniformidade de vistas quanto às pessoas, aos atributos e funções de uma legião de seres invisíveis, que pudesse ser estabelecida no espírito das massas ignorantes. Que confusão se cada um usasse sua imaginação para evocar a imagem dos deuses! Os modelos padronizados superam tal dificuldade. [...] O que eram tais imagens para os pagãos, são agora para os romanistas incultos: indispensáveis. Independentemente da parte que representaram na história da humanidade, não deixam de ter interesse quando encaradas simplesmente como uma invenção pela qual, por meios sensíveis, se consegue representar ideias definidas sobre coisas espirituais.[41]

Ilustração do Cristo morto, exposto na Igreja da Candelária.[42]

O viajante procurou demonstrar que os rituais de adoração presentes no catolicismo originavam-se de religiões pagãs de tempos remotos, e tinham a finalidade de atender às necessidades espirituais de pessoas "ignorantes", que apresentavam um baixo estágio de desenvolvimento mental, razão pela qual seriam incapazes de compreender os assuntos

---

41 EWBANK, Thomas. *Life in Brazil*, op. cit., p. 273.
42 *Ibidem*, p. 356.

ligados à espiritualidade de uma forma mais profunda e racional. Por esse motivo, seria necessária a criação de imagens que representassem concretamente as divindades. Nota-se que no relato de Ewbank a Antiguidade é recuperada aqui e ali para trazer uma "personalidade" que sirva de exemplo, para valorizar a experiência republicana romana, mas também para fazer a crítica ao paganismo e vincular esse aspecto religioso ao catolicismo, devido aos seus muitos santos. Veremos que a associação catolicismo/ignorância foi comum neste relato de viagem. A passagem abaixo segue a mesma linha de raciocínio, mas agora, comparando modos de ser entre anglo-saxões e brasileiros:

> Saindo cedo para passear ao léu, encontrei-me, não sei como, na praia ou rua de Santa Luzia – rua sem casas, porém não sem uma igreja, e esta dedicada à senhora acima, padroeira dos cegos, e muito festejada por proporcionar o alívio para o qual nós outros recorremos aos oculistas e às enfermarias de olhos.[43]

Assim, nota-se que a religiosidade brasileira parecia exemplificar para o autor os primórdios da civilização. Em diversas passagens, Ewbank procurou demonstrar o quanto a fé católica dificultava o desenvolvimento de uma nação plenamente civilizada e racional. Seja para estimular o progresso do país, seja para livrar uma tripulação de tempestades em alto-mar, ou como vimos acima, para a cura de uma doença, o viajante indicou que santos eram invocados e promessas eram feitas no lugar de atitudes enérgicas por parte dos homens ou da busca de soluções por meio da ciência, como afirmou ocorrer com os anglo-saxões. O trecho acima revela a intenção do autor em marcar a diferença entre a forma prática e racional com que os norte-americanos solucionavam seus problemas, em comparação com as práticas supersticiosas dos católicos brasileiros.

---

43 *Ibidem*, p. 176.

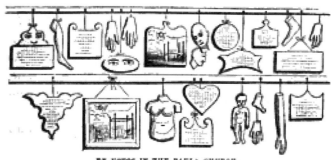

EX VOTOS IN THE PAULA CHURCH.

Ilustração de Ex-votos, os quais o autor explica se tratar de uma "espécie de oferenda, tal como ocorria na Antiguidade".[44]

Em outra passagem, Ewbank demonstrou que as inúmeras festas e feriados católicos implicavam em grande perda financeira para os comerciantes locais:

> Os festivais de antigamente eram muito mais numerosos do que agora, embora não menos de 50 – eclesiásticas e leigas – ainda sejam mantidas para a insatisfação dos comerciantes. Adicione a isso os domingos e um quarto do ano está perdido para o comércio.[45]

Assim, para o viajante, o catolicismo impedia não apenas o desenvolvimento mental e espiritual dos brasileiros, mas, certamente, dificultava o desenvolvimento e enriquecimento do país. Por ser primitiva e deturpada pelo catolicismo superficial aqui praticado, o autor acreditava que a moral cristã era apenas superficialmente assimilada por seus fiéis e clérigos católicos brasileiros. Para ele, um povo movido por tal fé encontrava-se em dificuldades para progredir, pois a

---

44 *Ibidem*, p. 153.
45 *Ibidem*, p. 170.

infantilização e o estado de permanente ignorância que o catolicismo incentivava desestimulava as ações dos homens e não promovia a busca por um desenvolvimento moral profundo.

Ao comparar os costumes religiosos do brasileiro com o paganismo praticado na Antiguidade Clássica, Ewbank parece querer tornar evidente o grau de desenvolvimento do povo que ele visitou. Mas o autor avançou em suas comparações ao comentar sobre os rituais dos índios norte-americanos, considerando-os superiores e mais refinados em comparação aos católicos. A seguinte passagem, apesar de longa, nos fornecerá elementos importantes para essa discussão:

> Eu posso estar sendo preconceituoso – muitos de nós somos quando estamos fora do círculo de influências em que se formaram nossos hábitos e opiniões. Mas essa adoração manual, labial; e genuflexórios, de oscilações de turíbulos, defumações e aspersões, de imagens pintadas; esse sistema de manifestações exteriores que causariam náusea a qualquer pessoa sensata que delas fosse alvo – tudo isso me parece inteiramente fora de razão na época de hoje. Em certos aspectos, ultrapassa em rudeza a mais grosseira das idolatrias. A comunhão dos índios norte-americanos com o Grande Espírito me parece mais consistente e refinada. [...] e por mais vantajoso e justificável que possa ter sido a aplicação de tais práticas ao Cristianismo em seus tempos mais obscuros, hoje em dia certamente não mais é necessária. Entretanto, as hierarquias nacionais e o clero menos elevado jamais as expurgaram; esclarecidos somente de fora para dentro, são sempre os últimos a ceder à razão. Ainda assim, o mundo das coisas religiosas também progride, e não pode ser de outro modo quando a ciência é cultivada e os Galileus têm liberdade de buscar o progresso. [...] Na

ausência de uniformidade nas organizações humanas e influências do clima e de produções climáticas, as diferenças religiosas são inevitáveis. As raças hão de ter seus rituais próprios, e neles a homogeneidade é impossível. Além disso, em cada indivíduo, o mar do pensamento deve agitar-se para impedir uma calma estagnante e putrefaciente.[46]

Em primeiro lugar, é interessante notar que o autor considerou a hipótese de que suas impressões poderiam estar comprometidas por um olhar preconceituoso. Mas tal percepção não foi suficientemente forte para que o autor mudasse de opinião ou restringisse seus ácidos comentários. Ewbank seguiu uma linha de raciocínio para traçar um perfil da religiosidade brasileira e do catolicismo em geral fortemente baseado nas teorias raciais e evolucionistas do período, como vimos ao final do excerto.

Além disso, é clara a associação que o autor faz entre política, religião e ciência, ambas utilizadas como termômetro do progresso humano. Apesar de considerar naturais as diferenças entre os povos, Ewbank observou que os menos desenvolvidos não deveriam deixar-se estagnar em uma determinada etapa de desenvolvimento, como ele afirmou presenciar no Brasil, uma nação espiritualmente guiada pelo romanismo.

O autor, em vários momentos, procurou demonstrar que, por trás da suposta espiritualidade do clero católico, não existia muito além da intenção de arrecadar dinheiro. "Com exceção da água benta, padres são pagos para tudo – para o batismo e sepultamento, bem como para o casamento",[47] afirmou o viajante.

---

46   *Ibidem*, p. 391.
47   *Ibidem*, p. 70.

De forma irônica e sarcástica, sempre buscando retratar a Igreja como um grande negócio, o viajante foi construindo essa imagem, com o objetivo de demonstrar que a atitude da Igreja pouco diferia da de qualquer comércio, distorcendo o seu "verdadeiro papel". O autor foi construindo essa imagem em seu relato a partir de fartos exemplos. Ao falar de Nossa Senhora do Cabo da Boa Esperança, protetora dos marinheiros, Ewbank informa ao leitor sobre o grande negócio que a santa gerava, devido ao enorme fluxo de navios e marinheiros no porto do Rio de Janeiro:

> é certo que os Carmelitas tiveram uma bela participação nessa espécie de seguro marítimo. Embora não emitissem apólices de seguros, como seus irmãos da Boa Viagem, seu negócio em certa época não era considerado menos rendoso que o seguro de toda espécie de riscos. Os frades seguradores têm privilégios especiais. Quaisquer que sejam os riscos que seguram, nunca pagam um prêmio nem compensam uma perda. Existem muitas coisas estranhas no mundo, pois se assim não fosse, estes mendigos transformados em seguradores já teriam atraído a atenção. Os Carmelitas constituem uma ordem de frades mendicantes. Aconteça o que acontecer às outras profissões, os recursos dos frades nunca falham. Todos os que negociam sob o nome e o estilo de determinado santo têm uma máxima segundo a qual o santo pode satisfazer todas as exigências humanas. Ao mesmo tempo, os gerentes não hesitam em seguir o hábito dos negociantes leigos, atraindo a freguesia de outros estabelecimentos e abandonando seus próprios campos quando os de seus vizinhos começam a produzir melhores frutos.[48]

---

48 *Ibidem*, p. 181.

É sabido que parte do clero católico brasileiro era poderoso. Contudo, Ewbank não estabelece diferenciações ou nuances e homogeneiza tudo o que vê. Ele seguiu com seu objetivo de desmoralizar a Igreja Católica, demonstrando como era a "concorrência" entre os santos, e assim reforçou a imagem da Igreja como grande comerciante de milagres ao demonstrar como os seus representantes iam lhes atribuindo determinadas habilidades e especialidades, de acordo com a necessidade de sua freguesia:

> São Sebastião, da mesma forma que seu irmão Roque, era de início um médico da época da peste. Mas a peste é agora muito rara; sua prática tornou-se geral e numerosos concorrentes sagrados tratam das epidemias. O forte de Antonio era outrora proteger as casas contra os ladrões e recuperar mercadorias roubadas. Agora, porém, mergulha em todo terreno, interferindo com São Brás na cura das doenças da garganta, concorrendo com São Miguel dos Santos, o príncipe dos extirpadores do câncer, tomando boa parte dos negócios e dos lucros das duas Senhoras protetoras dos marinheiros, vencendo São Gonçalo no casamento dos jovens, enviando mais chuva aos plantadores na época da seca e fazendo com que a terra mais pobre se torne dadivosa sem esterco, com maior facilidade que todos os outros amigos dos fazendeiros. Um gênio universal – um santo para todo tipo de trabalho.[49]

Como já dito, Ewbank era ácido, irônico e não temia ser deselegante nos seus comentários. Sobre os santos ou o significado que estes tinham para esse autor, escreveu:

---

49 *Ibidem*, p. 181.

Para nós, esses gênios venerados são bonecas de 18 polegadas; para os romanistas, são reconhecidos como um meio através do qual as orações chegam até aqueles que representam.[50]

Ilustração da procissão de encontro de Nossa Senhora com Santa Izabel.[51]

Um outro exemplo desmoralizador da Igreja Católica foi colocado quando o autor comentou sobre a vida nos conventos. O viajante traçou a cena, demonstrando que as freiras viviam em uma espécie de presídio, totalmente privadas de contato com o mundo exterior. Ao visitar o Convento da Ajuda, Ewbank descreveu o engenhoso aparelho de receber e entregar objetos e encomendas, projetado de forma a impedir qualquer contato com as freiras:

> A largura da abertura do tambor é apenas de metade da largura da parede, de forma que em nenhuma po-

---

50 *Ibidem*, p. 182.
51 *Ibidem*, p. 388.

sição do tambor é possível a um espectador ver o que existe do lado de dentro.[52]

Ainda sobre as freiras do Convento da Ajuda e seu "eficiente sistema de encarceramento", Ewbank questionou se, de fato, tais medidas serviriam para evitar a entrada de estranhos ou se, na verdade, tinham como objetivo impedir a fuga de suas moradoras:

> Se, como diz, as freiras são felizes em suas celas, qual o motivo, em terras onde prevalece a lei, da existência dessas muralhas maciças, grades, ferrolhos, fechaduras e outros aparelhos? Admite-se que nesse lugar não faltem nem mesmo os grilhões. Nenhuma prisão de criminosos poderia ter melhor sistema de segurança. Que relação pode existir entre o delicado e bondoso espírito do Evangelho e tanto ferro? Os códigos penais são suficientes para impedir que intrusos penetrem no local; para que então tais engenhos, se não são destinados a impedir que fujam os que estão lá internados?[53]

Aos poucos, Ewbank pinta um quadro que desfavorece e desqualifica completamente as condutas brasileiras, fossem políticas ou religiosas. Era inconcebível para um homem "racional e moderno", imbuído de ideias e responsabilidades republicanas, se deparar com as desnecessárias pompas do Império e, ao sair às ruas, encontrar apenas com superstições e desmandos do clero sem reprovar tais cenas. Sobre o cotidiano das enclausuradas, Ewbank novamente reforçou a imagem de uma tradição que parou no tempo:

> As virgens enclausuradas da Ajuda passam sua vida de maneira muito semelhante às suas irmãs da Antigui-

---

52   *Ibidem*, p. 163.
53   *Ibidem*, p. 164.

dade: separadas do mundo por injunção dos pais ou da família, dedicadas a uma deusa, Nossa Senhora da Ajuda, vestindo um hábito particular, tendo sua iniciação acompanhada pelo corte dos cabelos, jurando guardar castidade e sujeitas à pena de morte caso violem o juramento. Estritamente segregadas pelo emprego de meios extraordinários para evitar sua comunicação com o lado de fora das paredes que as fecham, sob a vigilância de uma abadessa e de um sistema de espionagem que esquadrinha todos os seus pensamentos, sujeitas ao controle e à punição do Bispo, sem poderem receber a visita de qualquer pessoa do sexo masculino, a não ser os interessados em sua guarda no convento, e sem permissão de manter conversa livre com quem quer que seja. O *pontifex Maximus* castigava as monjas pagãs por seus crimes e seu representante moderno faz a mesma coisa. Se as freiras cristãs não são agora submetidas à morte por violarem seus votos, já o foram outrora, e, se não fosse o crescente progresso intelectual da época, sem dúvida voltariam a sê-lo.[54]

Em seguida, Ewbank relatou alguns fatos a ele informados pelo já citado Henri Wise: este lhe contou que conheceu quatro irmãs, e que todas foram para o Convento de Santa Teresa, forçadas pelos pais. Passaram-se os anos e, assim que o pai morreu, as três que ainda estavam vivas apelaram ao Papa e de lá conseguiram sair. Outra história de Wise tratou de um negociante que levou a filha para o Convento da Ajuda, sem que esta soubesse para onde, e de lá só saiu quando aceitou casar-se com o homem que o pai havia escolhido e que ela havia recusado, antes de ingressar involuntariamente na instituição. Vemos, portanto, que, além de superficial, supersticiosa e apenas interessada

---

54 *Ibidem*, p. 166.

em lucros, o viajante mostrou ao leitor norte-americano uma Igreja que também não respeitava o livre-arbítrio de seus fiéis, enclausurando mulheres contra a sua vontade e obrigando-as a viver por toda a vida em uma espécie de prisão.

Ewbank pareceu realmente impressionado com o ato de se beijar as imagens no Brasil, visto que por várias vezes comentou o mesmo tipo de cena, observada em igrejas diferentes, e quase sempre ressaltou com repugnância o fato de que negros e brancos beijavam a mesma imagem, subsequentemente. A passagem que segue deu-se na Igreja dos Capuchinhos:

> Enquanto estava encarando o molde da sola do sapato de Nossa Senhora, um homem de cor se colocou entre esta e nós, e pondo suas mãos contra a parede branca de cal, pressionou nariz e boca contra o quadro. Logo após, um branco respeitável entrava, e saudando o quadro três vezes, passou para a capela, onde o encontrei com seu predecessor negro, meia hora após, ambos de joelhos. Duas manchas como que de nuvens estavam nas mãos dos devotos. Estas provas untuosas de devoção vinham-se acumulando desde a minha visita. As partes centrais eram escuras como âmbar. Um longo banco embaixo do quadro se tornava necessário para apoiar as mãos neste ato de piedade.[55]

---

55   *Ibidem*, p. 275.

Ilustração do molde do sapato de Santa Verônica.[56]

Ilustração da cena de devoção de negros e brancos na Capela dos Capuchinhos, descrita no excerto acima.[57]

---

56   Ibidem, p. 162.
57   Ibidem, p. 275.

Seu posicionamento diante da Igreja Católica ganhou ares ainda mais indignados quando finalmente se decidiu a comentar a conduta "imoral do clero", tema com o qual gastou muita tinta e muitas páginas:

> Eu não tencionava dizer uma única palavra a respeito da moralidade dos padres, mas ouvindo tanto quanto ouço diariamente, é impossível calar. Nem eu nem qualquer outro estrangeiro poderíamos suspeitar que chegasse a tal ponto a corrupção entre o clero, a não ser que tivesse uma situação semelhante à minha, e com os olhos abertos. As palavras de um brasileiro esclarecido aqui citadas não o são para denunciar indivíduos, e sim o sistema que faz com que eles sejam o que são. "O clero deste país é superlativamente corrupto. É impossível que haja homens piores, ou que se possa imaginar homens piores. Na igreja parecem responsáveis e devotos, porém seus crimes secretos fizeram desta cidade uma Sodoma; há, naturalmente, honrosas exceções, mas estas são muito poucas." Um velho habitante do Rio, que não tem nem motivo nem inclinação para desprestigiar o país e sua moral, acrescentou: "Tudo isso é verdade, e muito mais ainda do que o senhor pode imaginar"[...] Outro, cuja autoridade não seria posta em dúvida se fosse prudente dar-lhe o nome, observa: "Os padres são, sem dúvida, a parte mais licenciosa e dissoluta da comunidade. As exceções são realmente raras. Embora o celibato seja um de seus dogmas, vê-se que quase todos têm família. É um fato evidente, que não admite argumento contrário, que em seus amores eles preferem as mulheres de cor: negras e mulatas".[58]

---

58 *Ibidem*, p. 142.

Importa notar que o viajante condena não o padre, o indíviduo, mas o sistema da Igreja Católica como um todo. Ewbank, ao criticar a conduta do clero brasileiro, buscou o testemunho de brasileiros que também teciam críticas ao catolicismo, como forma de legitimar as afirmações que fez. Neste caso, é evidente o modo como este autor se valeu do testemunho dos locais para afirmar e confirmar imagens que o autor já carregava consigo antes de chegar ao Brasil, como vimos no início desse capítulo. É interessante observar que até mesmo no que se refere ao catolicismo praticado nos Estados Unidos, o mesmo é considerado como superior em seu país, como se pode notar na passagem abaixo:

> O ex-núncio, um velho cavaleiro de chapéu de três pontas e meias vermelhas, passou para se despedir do Sr. Wise. Ele foi substituído por um jesuíta, ao que se diz profundamente astuto. Ele possui a fama de liberal demais para amoldar-se às vistas do Vaticano e demasiado esclarecido para acatar as superstições populares. Ele diz que o povo aqui não tem religião nenhuma; adora imagens e deleita-se apenas com os rituais mais grosseiros das igrejas, enquanto que o clero é notório pelos piores vícios. Uma vez lhe perguntaram por que o Papa não manda um núncio para assistir os católicos dos Estados Unidos. Ele respondeu: "Não é necessário. O clero daquele país é mais espiritual do que qualquer outro. Seus conflitos com as seitas protestantes os mantêm puros".[59]

O fato de o catolicismo ser professado nos Estados Unidos de alguma maneira o "purificava" de alguns desmandos que se via no Brasil. Certamente, Ewbank devia relacionar tal perspectiva em virtude do clima temperado daquela região, além do contato com os

---

59 *Ibidem*, p. 268-9.

protestantes, como vimos, e do "nível de civilização" que o país alcançava. Ao norte, a virtude; ao sul, o descrédito.

Apesar da preponderante influência das ideias raciais nas considerações feitas pelo autor, seus pensamentos e julgamentos sobre o Brasil, e em especial sobre religião, parecem fortemente conectados com os princípios da ética protestante. Max Weber, ao escrever sobre o tema, fez alguns apontamentos importantes a respeito do espírito capitalista, protestante e racional que caracterizava alguns países da Europa e parte da nação norte-americana, o qual Ewbank também pareceu manifestar.[60]

Mas no caso específico deste capítulo, nos interessa ao menos mencionar a relação que os protestantes, a partir das distintas denominações (batistas, metodistas, puritanos, *quakers*, presbiterianos etc.), estabeleciam com Deus e a forma como esta religiosidade se expressava, *grosso modo*, em sua vida cotidiana. Nesse sentido, é sabido que em geral seus templos são simples, sem imagens ou devoção extremada a qualquer tipo de santo. Isso ajuda a compreender a repulsa que Ewbank sentia ao ver manifestações por parte dos fiéis, um tanto quanto exageradas aos olhos de um protestante.

Outro fator que não pode ser desprezado para compreender o olhar de Ewbank sobre o Brasil e sua religião é a imagem de superioridade que os puritanos deixaram como herança ao homem estadunidense. A ideia de Destino Manifesto e do excepcionalismo norte-americano ajudaram a formar o imaginário deste país entre fins do século XVIII e início do XIX, conferindo uma superioridade de origem divina aos Estados Unidos. Ewbank, pelo orgulho que demonstrou ter do país que adotou e pelo desprezo que manifestou quando teceu observações sobre a Igreja Católica e sobre a Monarquia, certamente partilhava da crença de pertencer a uma nação modelar, excepcional,

---

60 Cf. WEBER, Max. *A ética protestante e o espírito do capitalismo*. São Paulo: Martin Claret, 2008.

com a missão universal de proliferar suas ideias na construção de um novo mundo, apesar da sua origem inglesa.[61]

Tendo em vista as observações acima, parecia ser difícil para Ewbank compreender um país e respeitar uma religião fundamentada em crenças e ritos que para ele soavam tão irracionais. A predominância nos Estados Unidos de um protestantismo vigoroso, associado à forte defesa do progresso em homens como Ewbank, parece dar conta de explicar boa parte da indignação e mesmo ridicularização que o viajante teceu a respeito do catolicismo que regia a vida das pessoas no Brasil. Assim, permanecer em um país cujos valores morais pareciam ser moldados de fora pra dentro do indivíduo – o oposto da formação protestante – o conduz à avaliação de que o brasileiro possuía uma constituição moral fragilizada, quase nula. Assim, o brasileiro era ignorante porque católico, e católico porque ignorante.

A última passagem de Ewbank exposta neste texto demonstrou claramente a percepção do autor sobre a fragilidade moral do católico brasileiro. O clero era o primeiro a viver de forma corrupta e indecorosa, provando assim o fracasso romanista na formação ética e moral de seus religiosos que, por sua vez, contribuiriam muito pouco para a formação moral de seus fiéis. Na sua perspectiva, a pouca inclinação da maioria dos brasileiros para refletir de forma racional sobre estas e outras questões deixavam poucas perspectivas para uma possibilidade real de progresso e mudança na visão religiosa e política do país, a curto e médio prazo.

Para solucionar a parca e ineficiente formação religiosa e moral do brasileiro, Ewbank via como única alternativa a implantação do protestantismo no país. Todavia, este não parecia ser um projeto viável para os trópicos:

---

61 Sobre este assunto ver: AZEVEDO, Cecília da Silva, *op. cit.*

Quanto mais conheço este povo, mais distante me parece o êxito de qualquer missão protestante entre eles. As festas são obstáculos difíceis de serem removidos. As massas populares apreciam-nas extraordinariamente, e o coração nacional pulsa em uníssono com elas. Além disso, há classes poderosas interessadas em mantê-las. Também os domingos são reconhecidos por todos como dias de recreação. As senhoras riem abertamente da seriedade e da comentada tristeza das famílias inglesas do Rio que vão à igreja como a um funeral. Basta que se ponham nelas os olhos, para ter-se pena delas! Os protestantes, dizem, degeneram aqui. A capela dos ingleses jamais recebeu um brasileiro que se convertesse, enquanto os padres conquistaram membros protestantes da colônia inglesa. Os metodistas episcopais mantiveram por algum tempo uma missão aqui, porém a retiraram. Não há lugar em que um missionário possa encontrar-se com o povo, pois este o evitava como se fosse algo de desonroso ser visto em sua companhia, e as pessoas tinham para com o missionário um sentimento que chegava às raias do desprezo, e que decorria da arraigada crença na ignorância e na presunção do ministro protestante. Na opinião brasileira, o missionário e seus assistentes não eram mais instruídos em assuntos de religião que o povo de Zago, que punha esterco ao pé de uma torre para que ela crescesse. E também o clima é contra a severidade de costumes das seitas do Norte. Nenhum metodismo ou puritanismo rigoroso poderá jamais florescer nos trópicos. O comércio do país, externo e interno, é contrário à queda do *romanismo*. As relações sociais e civis seriam rompidas, e milhares e milhares de indivíduos perderiam os meios de subsistência. Jamais ocorreu a repentina conversão de uma cidade.[62]

Notamos a articulação que o autor fez entre um determinismo geográfico e fatores culturais, impedindo o protestantismo de se firmar no país. O fato de a religião ser um "negócio", além de manter uma conformação social que atendia aos interesses da elite, também apareceu como fator preponderante. A cada comentário aumentava o pessimismo do viajante para com o Brasil e para com o brasileiro.

Em uma das passagens de Ewbank, ao assistir a um culto religioso na Capela dos Ingleses – considerada a primeira Igreja Anglicana do Brasil –, demonstrou claramente um distanciamento e desconforto com a forma com que se pregava a palavra de Deus naquela igreja:

> Em companhia de T... fui a Capela dos Ingleses. A leitura do dia, Reis I; XIII, foi mal escolhida para meus leitores americanos; era uma furiosa defesa da monarquia e do esterilizante caminho que ela seguiu neste país. O oficiante, irlandês de nascimento, defende o direito da Inglaterra de governar como lhe apraz o país conquistado; justifica o confisco em massa do solo pelos invasores, aos quais ele se jacta de pertencer; nega, com um tapa na mesa, que a Igreja Anglicana seja um fardo para o povo irlandês, e com outro tapa desafia o ouvinte a citar o exemplo de um senhor, um bispo ou um vigário que ponha em dificuldades alguma família pela coleta de dízimos, ou que afaste alguém a fim de conseguir lugar para pessoa do seu rebanho. E com

---

62 EWBANK, Thomas. *Life in Brazil*, op. cit., p. 238-9.

uma terceira pancada, que fez os copos retinirem uns contra os outros, ele prova que "os ingleses teriam o direito de fazê-lo, se o quisesse". A metade de seu salário é paga pelo governo britânico. E o seu tema de hoje era "O Amor de Deus". O livro de reza que me foi entregue era um dos editados "pela autoridade" poluídos de ordens reais, impondo a quem o use o que deveria crer e por quem haveria de rezar. Além de 39 itens de fé que lhe foram preparados, lembrando ao leitor os 40 golpes de chibata administrados aos antigos descrentes, contém também um credo, acompanhado de uma enorme profusão de cláusulas condenatórias, o bastante para aterrorizar um selvagem. Diz que quem quer que duvide de seus ditames "será sepultado no Inferno por toda a eternidade". Pois eu não ficaria sequer uma semana no Céu em companhia dos furiosos fanáticos que conceberam tal coisa e dos intrigantes que a aplicam.[63]

Aqui, o autor teceu severas críticas aos ingleses e ao anglicanismo que não rejeitava os valores monárquicos. Apesar de sua origem inglesa, a passagem acima demonstra o autor muito mais envolvido com o protestantismo e o republicanismo praticados nos Estados Unidos do que com o do país europeu. Todavia, elogiava o nível que a Inglaterra havia atingido no que dizia respeito à indústria e à técnica.

Vindo de um país (os Estados Unidos) em que a "ação humana racional e pragmática" era altamente valorizada, Ewbank não conseguiu desvincular-se de suas crenças e de sua formação moral, cultural e intelectual para poder enxergar algo mais além da "irracionalidade, fragilidade moral e ignorância perpetuadas", a seu ver, pela Monarquia, pelo catolicismo e, ao fim e ao cabo, pelo clima do Brasil.

---

63 *Ibidem*, p. 392.

Ewbank, antes de visitar o país, já carregava consigo a concepção sobre o atraso do brasileiro na escala de desenvolvimento das raças distribuídas pelo globo. Contudo, o que escolheu ver e relatar o fez confirmar o que antes conjecturava. É como se o viajante já aportasse em seu destino com olhos treinados, e assim, fixados em elementos que se harmonizassem com crenças que ele já trazia consigo, como também demonstrou Tzvetan Todorov, ao identificar comportamentos semelhantes nos viajantes que descobriram e conquistavam as Américas.[64]

Como vimos, os comentários de Ewbank são por demais preconceituosos. Creio que podemos deduzir que o viajante escreveu esse relato pensando em publicá-lo apenas nos Estados Unidos e não no Brasil; porque se pretendesse publicá-lo aqui, teria escolhido outro tom para escrever o seu relato. De maneira nenhuma suas críticas à Igreja Católica e ao Império brasileiro seriam bem vistas aqui, naquele momento. O autor não demonstrou possuir meios-termos, e seu estilo de escrita nos permite afirmar que escreveu para um público que pensasse como ele – provavelmente, os estudiosos da Etnologia, em primeiro lugar, e o público norte-americano, de denominação protestante, em geral. Isso talvez explique o fato de *Life in Brazil* ser publicado no Brasil somente em 1973, 177 anos depois de sua publicação nos Estados Unidos.[65]

---

64 TODOROV, Tzvetan. *A conquista da América: a questão do outro*. São Paulo: Martins Fontes, 1996.

65 Cf. EWBANK, Thomas. *Vida no Brasil...* Belo Horizonte: Itatiaia, 1973.

CAPÍTULO 4
A técnica, a máquina e o progresso no "Império do atraso"

Até este momento, vimos que Ewbank construiu uma visão predominantemente negativa sobre o Brasil, a partir de uma viagem que fez e na qual visitou exclusivamente o Rio de Janeiro, sendo que em alguns momentos a percepção negativa do autor se ampliou primeiro para o Brasil e depois para a América do Sul. Assim, de muitas maneiras, a partir do Rio de Janeiro o viajante traçou um diagnóstico caótico e atrasado sobre a América Latina em geral, embora os países hispano-americanos tivessem optado pelo regime republicano tão defendido pelo autor.

Essa imagem negativa veio fortemente fundamentada nas questões postas pela Etnologia do período, a partir da concepção que se tinha sobre a distribuição das raças humanas pelo globo e sobre o determinismo climático. Aliado a isso, como vimos no capítulo anterior, Ewbank considerava a cultura monárquica presente no país e a inserção da religião católica entre a população como fortes componentes a manter o Brasil nas escalas mais baixas da evolução. Mas a baliza, o referencial primordial que orientava os diagnósticos e determinava se uma sociedade era desenvolvida ou não, era o advento da técnica e do progresso, bem como a postura adotada pelo país com relação ao trabalho, símbolo de uma sociedade que valoriza o esforço pessoal, o progresso e a civilização. Nas páginas que seguem, veremos que esta concepção "tecnicista", que valorizava fortemente o progresso foi um instrumento constantemente utilizado por Thomas Ewbank para avaliar o país.

A TÉCNICA, A MÁQUINA E A INDÚSTRIA
NA PRIMEIRA METADE DO SÉCULO XIX

O período entre as últimas décadas do século XVIII e a primeira do século XIX foi impactante em termos de transformações em todos os aspectos da vida, especialmente do ponto de vista econômico, em razão do rápido desenvolvimento de técnicas e de máquinas as quais transformaram o mundo a partir do triunfo da Revolução Industrial.[1]

Thomas Ewbank viveu em um contexto histórico fortemente influenciado pelo Iluminismo, bem como marcado por enormes mudanças no modo de vida decorrentes do desenvolvimento científico, tecnológico e industrial, visto por seus entusiastas como o caminho que levaria o mundo a seu ápice de desenvolvimento, gerando bem-estar e felicidade plenos. Foi também um período da miséria da classe trabalhadora, de falta de oportunidades e de salários baixíssimos. A Inglaterra, berço da indústria, foi igualmente o berço das desigualdades e da crescente perda de espaço de algumas profissões tradicionais, como a dos antigos artesãos e mestres de corporações de ofícios.

O historiador Michael Adas aponta que, para além das questões socioeconômicas implícitas no processo da industrialização, o desenvolvimento de novas técnicas de produção e a invenção de máquinas cada vez mais sofisticadas, bem como a sustentação de teorias embasadas no cientificismo, oriundas principalmente da Inglaterra e da França, serviram como instrumentos de poder, na medida em que, na visão dos europeus, tais características indicavam

---

[1] Cf. HOBSBAWN, Eric J. *A era das Revoluções – 1789-1848*. Rio de Janeiro: Paz e Terra, 1977.

sua superioridade com relação a outros povos. Em outras palavras, a ausência de técnicas nos moldes de alguns países europeus justificou sua intervenção "civilizadora" e foi também um argumento poderoso que ajudou a manter e/ou fundamentar a classificação de povos não europeus como bárbaros e inferiores, abrindo caminho para ações imperialistas.[2] Este tipo de crença no progresso das nações através do desenvolvimento científico e tecnológico aparece de forma muito clara em *Life in Brazil* e em todos os livros de Ewbank posteriormente publicados.

Ewbank, nascido na Inglaterra, obviamente vivenciou os efeitos, comungou das expectativas e foi ardoroso defensor da Revolução Industrial. O excerto abaixo, retirado de seu primeiro livro, publicado pela primeira vez em 1842, indica tanto o valor que o autor atribuía às artes úteis quanto o seu descontentamento diante da forma como o seu país de origem tratava os trabalhadores ligados à mecânica, profissão que admirava:

> Observações ocasionalmente têm sido introduzidas sobre a importância das artes mecânicas e da real dignidade que acompanha a sua profissão, não obstante o estado degradado em que operários já foram mantidos por aqueles que viveram da sua ingenuidade e enriqueceram através de suas habilidades. Mas acreditamos que este estado de coisas está passando, e não está distante o tempo em que esses homens, em vez de serem considerados, como no antigo regime, como servos virtuais, irão exercer uma influência na sociedade proporcional às suas contribuições para seu bem-estar.[3]

---

2   ADAS, Michael. *Machines as the measure of men: science, thecnology and ideologies of western dominance*. Nova York: Cornell University Press, 1989.

3   EWBANK, Thomas. *A descriptive and historical account of hydraulic and other*

Ou ainda:

> A ciência e as artes estão renovando a constituição das sociedades. O destino das nações não pode ir muito longe se mantida por políticos jogadores, ricos ignorantes, palhaços da nobreza, fantoches da realeza. Estes, já não sustentados por ajudas factícias, deverão descer para seu próprio nível. Teorias governamentais não deverão se opor à natureza e realizar em oposição de suas leis. Mas a ciência prática será o princípio dominante, e os filósofos práticos serão, como Deus planejou que devessem ser, os espíritos mestres do mundo.[4]

Nos excertos acima, Ewbank fez uma crítica ao ócio de parte da sociedade que compunha o regime aristocrático, considerado por ele como antinatural. Por outro lado, valorizou o trabalho individual do homem que surgia. Na primeira metade do século XIX, atribuía-se grande valor às possibilidades do homem, sendo este considerado apto para construir a própria vida através do trabalho. Valorizava-se também o surgimento dos setores médios da sociedade e o homem que vencia na vida por esforço próprio (*self-made-man*), e não pelos dotes e vantagens do seu nascimento.

O mundo mudava em termos sociais, culturais, políticos e econômicos, em uma velocidade nunca antes vista. As estradas de ferro, as máquinas a vapor e a modernização dos campos com base no planejamento da utilização da terra e de incrementos químicos anunciavam a chegada de um novo período.[5] Nos Estados Unidos

---

    machines for raising water, Ancient and Modern: whit observations on various subjects connected with the mechanic arts: including the progressive development of the steam engine. Nova York: D. Appleton and Co., 1842, p. v.

4 *Ibidem*, p. vi.

5 Sobre a Revolução Industrial inglesa e o processo de criação de novas tecnologias ver: LANDES, David S. *Pometeu Desacorrentado: transformação tecnológica e*

da década de 1840, os avanços rumo à industrialização acenavam como importantes competidores no mercado.[6] Esse período foi marcado por um crescimento econômico considerável, embora não se compare com os avanços que ocorreram após a Guerra Civil (1861-1865). De todo modo, é na primeira metade do século XIX que a industrialização norte-americana tem o seu arranque. Além disso, no mesmo período, a produção de trigo neste país cresceu de forma impressionante, devido à expansão de terras de cultivo e da invenção da ceifeira mecânica. A produção de algodão no Sul apresentou um crescimento de 60%, subindo para 100% na década de 1850, alavancada por importantes invenções, como o desencaroçador de algodão desenvolvido por Eli Whitney em 1792. O açúcar produzido na Louisiana aumentou sua produção em quatro vezes entre 1830 e 1859. Tamanho crescimento na agricultura norte-americana implicou também em um crescente aumento no preço da mão de obra escrava.[7] Enquanto isso, na Nova Inglaterra ganhavam lugar as primeiras indústrias têxteis que manufaturavam produtos a partir da matéria-prima produzida no Sul do país.

Além disso, houve uma significativa transformação nos transportes nos Estados Unidos: estradas foram construídas, canais que ligavam rios erigidos e as ferrovias, símbolos da velocidade e das intercomunicações dessa fase da industrialização, estavam em período de implantação, não só em território norte-americano, mas em vários países. A

---

desenvolvimento industrial na Europa ocidental, desde 1750 até nossa época. Rio de Janeiro: Nova Fronteira, 1994.

6 Hobsbawn nos informa que o navio a vapor, o desenvolvimento da produção em série e a criação de uma correia de transmissão nos moinhos de farinha são exemplos dos avanços norte-americanos dos anos 1830. Ver HOBSBAWN, *op. cit*, p. 191.

7 SELLERS, Charles; MAY, Henry; MCMILLEN, Neil. "A casa se divide – 1843-1860". In: *Uma reavaliação da História dos Estados Unidos: de colônia a potência imperial*. Rio de Janeiro: Zahar, 1990, cap. 14.

Inglaterra instalou a primeira linha em 1825, os Estados Unidos em 1827, França em 1828 e o Brasil em 1854, depois de debates sobre o tema. Vemos, portanto, que o fenômeno da industrialização alicerçado nos caminhos de ferro foi tomando vários países.

Nos Estados Unidos, ainda que esse advento do progresso recebesse uma defesa ardorosa de muitos, devido às possibilidades prenunciadas, é preciso ressaltar que havia opiniões contrárias a esse respeito. Leo Marx demonstrou como a implantação de novas técnicas, que invadiram os campos e possibilitaram um relevante crescimento da agricultura, da mineração e da construção de ferrovias, estimulou um modo de vida que contrariava o ideal pastoril presente em parte significativa da população, inclusive entre escritores, muitos deles informados pelo romantismo do período, como, por exemplo, Henry David Thoureau.[8] Essa parte da população valorizava a vida simples no campo e perto da natureza. Ainda assim, de acordo com Leo Marx, as novas invenções não eram rejeitadas pela maioria, devido à crença de que a tecnologia deveria servir para facilitar esse ideal de vida simples e não para substituí-lo. O ideal que valorizava a natureza ou *wilderness* norte-americano como elemento da identidade nacional,[9] além de ser tema dos homens das letras, mais do que da máquina,

---

8   Ver MARX, Leo. *A vida no campo e a era industrial*. São Paulo: Melhoramentos/Edusp, 1976.

9   De acordo com Mary Anne Junqueira, a palavra *wilderness*, que não possui tradução para o português, pode abrigar variados significados, entre eles: selvagem ou o espaço do primitivo. Pode ser também relacionado a um estado de espírito. Nas palavras da autora: "A ideia de separação da Europa foi amplamente veiculada por políticos e representada por romancistas, poetas e pintores. A natureza, o *wilderness* norte-americano – principalmente o da região norte do país – que em alguns momentos da colônia era encarada como entrave para a modernização, dadas as dificuldades do clima frio, passou a ser entendida como algo que diferenciava a América da 'velha Europa' desgastada e decadente". Ver: JUNQUEIRA, Mary Anne. "Oeste, *Wilderness* e Fronteira no imaginário norte-americano". In: *Ao Sul do Rio Grande*: imaginando a América Latina em Seleções: oeste, wilderness e fronteira (1942-1960). Bragança Paulista: Edusf, 2000, p. 78.

recebeu forte apoio dos pintores, em especial os da Escola do Rio Hudson, que se esmeraram em tratar o mundo natural que os cercava. De acordo com Maria Ligia Coelho Prado, estes pintores, que buscaram retratar a natureza norte-americana,

> contribuíram para e elaboração de imagens constitutivas de uma identidade nacional, era uma arte nacionalista que pretendia afirmar que a natureza atingira sua forma mais pura e elevada nos Estados Unidos.[10]

Prado afirma ainda que esta representação de natureza grandiosa e intocada foi utilizada "como fonte cultural e moral e como base da auto-estima nacional".[11] A autora cita também o poeta Walt Whitman, que em defesa de seu país, afirmava que "os Estados Unidos eram 'um poema maior', em que havia harmonia perfeita entre natureza e sociedade".[12]

Muitos dos adeptos do progresso defendiam a ideia de que nos Estados Unidos, com sua nova República, seu amplo território e rica natureza, o sistema fabril seria "purificado" e redimido de seus problemas.[13] Desta forma, a máquina, na visão de muitos norte-americanos, traria melhoramentos para o dia a dia, promovendo o acesso aos rios antes não navegáveis, abrindo caminhos antes inacessíveis e retirando frutos de terras antes improdutivas.

Na Europa, por outro lado, alguns homens, a despeito do fascínio que a máquina geraria em toda uma geração, viam a industrialização como um mal para a sociedade. Pensadores como Friedrich Schiller

---

10 PRADO, Maria Ligia Coelho. "Natureza e Identidade Nacional nas Américas". In: *América Latina no século XIX: tramas, telas e textos*. São Paulo: Edusp, 2004, p. 192.
11 *Ibidem*, p. 188.
12 *Ibidem*, p. 189.
13 MARX, Leo, *op. cit.*, p. 115.

e Thomas Carlyle fizeram contundentes críticas não à máquina em si, mas à possibilidade de se construir uma sociedade de ricos cada vez mais ricos e pobres cada vez mais pobres, cujos homens, tais como as máquinas, agiriam de forma mecânica.[14] O tempo, antes regido pela natureza, era cronometrado pelos relógios, e cada cidadão deveria aproveitá-lo de forma a ser útil à sociedade ou, mais precisamente, às indústrias, através do trabalho. O trabalhador aos poucos era relegado à mera peça dentro do sistema de produção, necessário àquela nova ordem social, mas considerado como indigno e incapaz de efetivamente pertencer a ela. A pobreza e miséria – visíveis nos bairros onde os trabalhadores eram aglomerados sem as mínimas condições de higiene e salubridade, além dos distúrbios sociais decorrentes de tal situação – eram expressivas em cidades como Londres e Paris.[15]

Henry Thoureau, nos Estados Unidos, foi um dos que se incomodaram com o universo da indústria e com o consumo, temendo a padronização dos modos de vida e as suas consequências, como a inconsciência e automação do indivíduo. Em 1845, aos 27 anos de idade, Thoureau decidiu ir viver de forma simples na floresta, às margens do lago Walden. Tal vivência personificava um tipo de experiência fortemente impregnada deste ideal pastoril.[16] Este autor, além de não acreditar que a vida moderna que se anunciava fosse o caminho para a liberdade dos homens,[17] criticou as ações expansionistas do governo bem como o seu poder de anular as individualidades, sendo a ação de convocar e inserir parte dos homens ao exército o maior exemplo disso. Thoureau tornou público seu pensamento através da escrita de

---

14   Ibidem, p. 122-3.
15   Ver: BRESCIANI, Maria Stella. *Londres e Paris no século XIX: o espetáculo da pobreza*. São Paulo: Brasiliense, 1998.
16   Sobre essa experiência, o autor escreveu uma espécie de manifesto em favor da autonomia do ser humano e contra o mundo industrializado. Cf. THOUREAU, Henry David. *Walden, or, life in the woods*. Boston: Riverside Press-Cambridge, 1854.
17   MARX, Leo, *op. cit.*, p. 177.

Desobediência Civil, de 1848, libelo no qual repele o recrutamento feito pelo governo para o Exército que havia se engajado na guerra contra o México (1846-1848), conflito em que o país latino-americano perdeu metade do seu território. Vemos então que havia nos Estados Unidos diferentes formas de se perceber o mundo moderno que surgia, a tecnologia e suas consequências. No entanto, é interessante observar que a ideia de excepcionalismo norte-americano esteve presente tanto na defesa feita pelos que advogavam a máquina quanto pelos que a negavam. Nas palavras de Leo Marx:

> Na sua forma mais simples e exemplar, [temos] o mito de que os europeus experimentam uma regeneração no Novo Mundo. Tornam-se homens novos, melhores e mais felizes – renascem. É a natureza que explica as virtudes e a especial boa fortuna dos americanos. Permite-lhes planejar uma comunidade à imagem de um jardim, uma fusão ideal da natureza e da arte. A paisagem se torna assim o repositório simbólico de valores de toda a espécie – econômicos, políticos, estéticos e religiosos.[18]

Na perspectiva de Marx havia, portanto, dois polos de força que se defrontavam neste período de forma bastante intensa e decisiva: uma que pregava o ideal pastoril e outra que defendia o advento da técnica e da máquina. Obviamente, o movimento em direção ao progresso não podia ser contido. Vale mencionar aqui que, na década de 1850, os defensores do progresso e da tecnologia nos Estados Unidos passaram e advogar em favor de suas ideias de forma mais ostensiva. Chegavam ao ponto de prezar por um certo anti-intelectualismo e desprezar a educação clássica e a ciência que não fosse a voltada para algo útil. Seus adeptos apontavam que as descobertas e aplicações, ao contrário do

---

18   *Ibidem*, p. 164.

trabalho realizado por acadêmicos e artistas, ofereciam à população um resultado prático para o bem-estar do homem e para o avanço das artes úteis. Thomas Ewbank foi um deles, e foi citado por Leo Marx como um dos homens que ajudaram a oficializar essa posição:

> A celebração industrial na década de 1850 contou com uma nota aguda de anti-intelectualismo e o Comissário de Patentes, Thomas Ewbank, deu à doutrina da utilidade um selo oficial. Na verdade, nada resume melhor a metafísica do industrialismo do que uma declaração dele, citada neste exemplo sob o título "Civilização, Inventores, Invenção e as Artes": "As suas obras proclamam a sua preferência pelo útil em relação ao meramente imaginativo e, na verdade, é no útil que se pode encontrar o verdadeiramente belo ou sublime. Um barco a vapor é uma epopeia mais poderosa que a Ilíada e Whitney, Jacquard e Blanchard podem até rir desdenhosamente de Virgílio, Milton e Tasso".[19]

Já no Brasil, embora Ewbank considerasse o país bastante atrasado no que se referia às mudanças rumo à vida moderna, eram sentidas também transformações nesse sentido, mesmo que não fosse ao ritmo norte-americano, nem nas áreas valorizadas pelo viajante. Com a chegada da corte portuguesa em 1808, iniciou-se a criação de cursos superiores e academias profissionais. Em apenas dois anos, nascem no Rio de Janeiro duas academias: a Academia Naval (1808) e Militar (1810).[20] Ainda em 1808, a cidade de Salvador inaugurou sua Escola de Cirurgia, e no Rio de Janeiro, em 1813, surgiu a Academia Médico-Cirúrgica, ambas transformadas em Faculdade de Medicina em 1832. Em 1827, foram fundadas as Academias de Direito do Recife e de São

---

19 MARX, Leo. *op. cit.*, p. 144.
20 Cf. VARGAS, Milton. (org.). *História da técnica e da tecnologia no Brasil*. São Paulo: Editora da Unesp/Centro Estadual de Educação Tecnológica Paula Souza, 1994.

Paulo. Além disso, podemos citar o Real Horto (Jardim Botânico), fundado em 1808, o Museu Real (atual Museu Nacional), de 1818, e o Observatório Astronômico, fundado em 1827. Vemos, portanto, que desde o final do período colonial houve um incremento de centros de formação técnica e científica, no intuito de solucionar problemas de engenharia e também incrementar a astronomia – particularmente a voltada para navegação – e apurar técnicas e cálculos que trouxessem precisão aos levantamentos topográficos e outros conhecimentos indispensáveis para a viabilização do Império.[21]

Uma instituição importante no período, fundada em 1810, foi a Academia Real Militar do Rio de Janeiro. Segundo Milton Vargas, foi aqui que a engenharia militar se desenvolveu de acordo com os moldes europeus. Para se ter uma ideia, o curso, ao todo, somava sete anos. Os quatro primeiros ensinavam Matemática, Mecânica Racional, hidráulica, Física e Geografia. Nos últimos três anos, ministravam-se disciplinas militares e científicas. Em 1823, foi anexada a esta instituição a Academia de Guarda-Marinha, resultando essa junção na Academia Imperial Militar, momento em que se incorporou ao curso matérias de Engenharia Civil.[22]

Desta forma, nota-se que o Brasil da primeira metade do século XIX, ao contrário do que Thomas Ewbank representou em seu relato de viagem, buscava desenvolvimento em determinadas áreas. Não podemos deixar de mencionar que Pedro II era um imperador profundamente interessado nas ciências e estimulou o seu desenvolvimento no Brasil.

Tal como nos Estados Unidos, a população no Brasil era predominantemente agrária, e a exportação de café, no período em que Ewbank aqui esteve, era o carro-chefe do país em termos econômicos; e assim como nos Estados Unidos, os escravos exerciam os trabalhos nas lavouras, nas casas de famílias, e em muitos outros estabelecimentos.

---

21 Cf. *ibidem*.
22 *Ibidem*, p. 21.

Mas este aspecto da mão de obra não foi eleito por Ewbank como objeto de comparação em suas análises. A ele importava o estímulo que surgia nos Estados Unidos às "artes úteis" e à possibilidade do indivíduo, especialmente os dos segmentos médios da sociedade, de alcançar a ascensão social através do próprio trabalho.

No Rio de Janeiro da primeira metade do século XIX, havia entidades que valorizavam o crescimento da indústria no país, ainda que voltada para a agricultura. Como exemplo, podemos citar um importante jornal direcionado a este tema, *O Auxiliador da Indústria Nacional*, periódico da Sociedade Auxiliadora da Indústria Nacional, estabelecida no Rio de Janeiro. A edição de 1846 publicou textos sobre as máquinas a vapor, química, e muitos outros artefatos mecânicos para a otimização da indústria.[23] Abaixo alguns trechos retirados desse jornal:

> A indústria, mãe de todas as ciências e artes, e causa primária da opulência e grandeza das nações, em geral se reduz à ação das forças físicas e morais do homem aplicadas à produção. [...] Destas definições facilmente se colige, que a indústria data da origem do mundo, que o homem ou colhendo os frutos da terra, ou transformando as produções existentes em coisas, que lhe fossem de proveito, para melhor conseguir este intento, viu-se na obrigação de empregar a infinidade de meios de que foi dotado. Tendo de lançar mão de toda sua inteligência, perspicácia, atividade e energia completamente o fez; e claramente mostrou por suas obras que era o mais perfeito dos entes criados. Nestas indagações

---

23 *O Auxiliador da Indústria Nacional*, Rio de Janeiro, n. 1, nova série, vol. 1, 1846, p. 3-4. Disponível para consulta no Instituto Histórico e Geográfico Brasileiro (IHGB).

e na pesquisa de verdades tão úteis à humanidade, criou-se o trabalho, que tendo sido o gérmen de todos os gozos e cômodos sociais é o agente principal de progresso. É por isso que a história a cada instante nos faz ver, que a indústria foi sempre um objeto que mereceu a atenção de todos os povos.[24]

A existência de um jornal como O Auxiliador da Indústria Nacional nos mostra que o Brasil estava em sintonia com as ideias relacionadas ao progresso, mesmo que não fosse aquele valorizado por Ewbank, e que havia segmentos da sociedade que valorizavam a técnica, a máquina e a indústria.

Os periodistas afirmavam que cada país tinha um segmento de produção, o qual se destacava. No caso do Brasil, por seu amplo território e número reduzido de habitantes, seria a agricultura o ramo que predominaria por muitos anos. Não obstante, consideravam que era conveniente que as indústrias manufatureiras e comerciais aqui se desenvolvessem, principalmente para a produção de equipamentos destinados à agricultura:

> Assim sejamos agricultores instruídos e experimentados, empreguemos todos os nossos esforços para o engrandecimento e prosperidade do nosso comércio e navegação, e façamos com que no Brasil apareçam em número suficiente algumas das manufaturas mais indispensáveis, cuja falta já hoje nos é mui sensível. Quando isto alcançarmos então serão grandes os bens que traremos ao nosso país, pois assim o faremos imensamente rico e forte. A Sociedade Auxiliadora da Indústria Nacional, cônscia dessas verdades, há 22 anos que traba-

---

24 Ibidem, p. 3-4.

lha, preparando os materiais precisos, para que um dia possamos conseguir este grande d*esignatum*.[25]

Composto por artigos variados, que versavam desde a construção de poços até o manejo do bicho da seda, este tipo de documentação nos informa que parte da elite do Brasil daquele período, além de se interessar pelas novas técnicas, demonstrava vontade em obter algumas delas.

AS IMPRESSÕES DE THOMAS EWBANK SOBRE A TÉCNICA NO BRASIL

Apesar do crescimento que abarcou o Brasil no século XX, colocando-o em uma posição de respeito e destaque econômico, ainda hoje, tal como aconteceu no século anterior, é possível encontrar diagnósticos superficiais e opiniões generalizantes sobre o país, atravessados por impressões negativas. Apenas para citar alguns – e no que concerne ao interesse da pesquisa –, o de que éramos uma economia exclusivamente exportadora, que não havíamos desenvolvido de forma eficiente a nossa indústria e estávamos, portanto, em situação de atraso com relação aos países do considerado "mundo desenvolvido". Havia também a imagem de que os brasileiros, em geral, não eram muito afeitos ao trabalho. Estas são referências muito cristalizadas e repetidas à exaustão por políticos, intelectuais, cientistas, jornalistas etc. O que se pretende abordar aqui é o fato dessas impressões já estarem presentes na primeira metade do século XIX e a partir da comparação com os Estados Unidos, país que ainda construía o seu Estado nacional e organizava a sua industrialização.[26]

---

25 O *Auxiliador da Indústria Nacional, op. cit.*, p. 5-6.

26 Sobre o Brasil e o trabalho, através da perspectiva de viajantes europeus, ver: BARREIRO, José Carlos. *O cotidiano e o discurso dos viajantes: criminalidade, ideologia e luta social no Brasil do século XIX*. Tese (doutorado) – USP, São Paulo, 1988.

Repito, contudo, que essas representações sobre o Brasil contidas no relato de viagem escrito por Ewbank circularam primeiramente nos Estados Unidos, visto que o livro só foi publicado em português em 1976, o que não impediu que circulasse em inglês no país. Desta forma, *Life in Brazil* representa uma forma de pensar, uma maneira de diagnosticar os males deste ou daquele país, tendo como referência as ideias que circulavam no período, entre elas as que versavam sobre a origem do homem e o lugar de cada sociedade na evolução da humanidade.

A primeira página de *Life in Brazil* já anunciava o tipo de homem que havia por trás da escrita desse relato. Escrito de uma forma quase poética, suas primeiras linhas vêm carregadas de observações sobre o progresso e a evolução humana:

> Os tempos atuais trazem o início de um novo capítulo na história do homem, e não parece diferente de uma nova época no desenvolvimento de sua existência. Hábitos e impulsos até aqui rudimentares parecem prontos para alcançar a maioridade, como se o estado larvar de sua existência humana se encerrasse e o homem estivesse prestes a usar asas tanto quanto os pés – uma era de locomoção, e o prelúdio para a do voo.[27]

Em seus escritos, é patente a crença em certo tipo de evolucionismo. A associação feita pelo autor, do homem abandonando seu estado larvar, tal como as borboletas, prestes a desenvolver asas, demonstra de forma clara sua crença na evolução do homem, na qual no ápice da escala estariam os países que haviam optado pelo desenvolvimento de novas tecnologias e pela produção e lucros que a industrialização proporcionaria.

---

27 EWBANK, Thomas. *Life in Brazil*, op. cit., p. v.

Para Ewbank e muitos de seus contemporâneos, os países que haviam alcançado os degraus mais altos na linear evolução eram os que, além de terem o clima temperado a seu favor, possuíam números significativos de homens versados nas "artes úteis" da técnica e da mecânica, constituindo setores médios envolvidos predominantemente com o trabalho. Eram também os que haviam desenvolvido a habilidade de observar os "mecanismos da natureza", pois ali se encontravam as pistas para que o homem otimizasse a própria natureza, transformando a matéria-prima em bens, aumentando a sua produção e transformando-a em mercadoria. Para Ewbank, encontravam-se nas sociedades leis como as da natureza. Bastava identificá-las. Obviamente, o viajante se coloca entre aqueles capazes de perceber as possibilidades do país que adotou, imbuído de autoridade para avaliar, julgar e conceber verdadeiros diagnósticos sobre os lugares que visitou.

A passagem a seguir, extraída de *Life in Brazil*, ilustra o seu pensamento de homem prático e observador da natureza, que percorre tudo o que escreveu:

> estivemos cercados por provas irrefutáveis de que as formas cardinais e os ornamentos dos arquitetos, marceneiros e gravadores provêm da arte da natureza. Não digo que ela elabore os seus materiais em moldes, colunas e capitéis definidos. Não haveria nenhuma vantagem para seu aprendiz se ela o elaborasse, uma vez que sua missão não é antecipar seus esforços, mas despertá-los e dirigi-los. Portanto, como um sábio mestre, ela sugere ideias, e incita-o a trabalhá-las.[28]

Para tanto, Ewbank acreditava que seria necessário esforço e trabalho constantes, e atribuía aos engenheiros e mecânicos inventivos

---

28 *Ibidem*, p. 375.

um papel central na promoção da evolução humana, entendida por ele como razão do progresso científico e tecnológico. Como era próprio da época, na concepção de muitos e na de Ewbank, inclusive, a natureza intocada indicava que o homem não a havia controlado e a transformado em bens úteis. É, portanto, investido por tais ideias que o autor vem ao Brasil.

Logo que aporta na baía de Guanabara, em suas primeiras impressões o autor apresenta e elogia a linda paisagem e ao mesmo tempo avalia a possibilidade do local em receber novas tecnologias:

> Os brasileiros têm aqui um esplêndido cenário para navegação a vapor, estendendo-se por 30 graus de latitude e fronteiras com as mais bem escolhidas partes da terra, relativamente livre de tempestade e onde a severidade dos mares e dos climas do norte é inteiramente desconhecida.[29]

A passagem acima indica um olhar técnico, avaliativo, próprio dos homens que, como Ewbank, buscavam julgar e identificar no lugar visitado seu potencial para incorporar suas novas invenções.

Ewbank, apesar de tecer comentários sobre as técnicas brasileiras que encontrou ao longo de todo o relato, dedicou um capítulo inteiro ao tema. No Rio de Janeiro, seu interesse pela técnica e desenvolvimento local pode ser claramente percebido por suas abundantes observações sobre tudo o que viu. De instrumentos de trabalho utilizados na construção de casas à técnica de forja de metais, nada deixou escapar. Em geral, a técnica aqui encontrada foi qualificada pelo autor como muito antiquada, remontando à Antiguidade ou ao período medieval, como, por exemplo, os martelos, colheres e enxadas que, segundo Ewbank, "são exatamente iguais aos que vemos nos trabalhos

---

29 *Ibidem*, p. 41.

ilustrados do século xv e nos manuscritos com iluminuras dos séculos anteriores".[30]

Na carpintaria, apesar de admirar o estilo oriental das ferramentas e processos de construção de objetos e mercadorias, afirma que os mesmos eram comuns no mundo antigo e que "a arte da carpintaria, em Portugal e no Brasil, é muito o que era na Itália há vinte séculos".[31] Vemos assim que a imagem principal transmitida é a representação de um país tecnologicamente atrasado. Como já dito, trata-se da reprodução de uma imagem antiga, insistentemente repetida e cristalizada tanto no Brasil como fora dele.

Muitas vezes, Ewbank não apenas demonstra esse atraso atribuindo as origens dos instrumentos e técnicas à Antiguidade, mas comparando-os com o que havia de moderno em seu país, indicando assim a falta de alguns objetos aqui que já eram amplamente utilizados na Inglaterra e nos Estados Unidos:

> A serra de mão da Inglaterra e Estados Unidos – a mais valiosa do gênero – nunca é vista aqui nas mãos dos operários. A pequena serra de armar – aparelho de uso universal na antiguidade – é empregada indiscriminadamente.[32]

Em visita e almoço no Arsenal Militar, em companhia do comandante Coronel V. Lisboa, Ewbank escreveu:

> Entramos na tanoaria, onde baldes, barris e cantinas estavam em processo de desenvolvimento. O responsável não podia compreender ou acreditar em nossas máquinas de fabricar baldes e barris. "Não, senhor",

---

30 *Ibidem,* p. 188.
31 *Ibidem,* p. 189.
32 *Ibidem,* p. 191.

> ele exclamou, sacudindo sua cabeça: "Não senhor, não é possível". [...] O responsável estava ocupado com um magnífico torno, com uma forquilha corrediça, de sua própria invenção. Um modelo me foi presenteado e encontra-se agora na coleção do Franklin Institute, da Philadelphia. Nas oficinas de carpintaria, não há serrote de mão. Dizem que não é utilizado no país. Não se encontrava outra coisa senão a antiga e clássica serra de armar. Na Espanha e em Portugal, as ferramentas e os processos em curso na Grécia e oriundas do tempo de Numa são conservados sem modificação. O mesmo acontece aqui. Na forja havia foles iguais aos utilizados por Vulcano.[33]

O excerto acima, em primeiro lugar, revela a importância de Ewbank nos meios norte-americanos: o viajante levou instrumentos do Brasil para o Franklin Institute e o instituto recebeu e expôs a peça; em segundo, o fato que demonstra a circulação de ideias, mas também o deslocamento de objetos do país em direção ao museu norte-americano.

Ao citar personagens mitológicos, tal como Vulcano, deus da forja, Ewbank tentou demonstrar quão antigos e rudimentares eram os instrumentos e as técnicas utilizados no Brasil. Vemos também uma noção ampliada do autor com relação aos países os quais ele considerava atrasados: além do Brasil, o autor afirma que o mesmo processo era realizado em Portugal e Espanha, em contraste com as inovadoras técnicas utilizadas nos Estados Unidos, colocando desta forma o seu país em uma posição superior à de alguns países europeus.

Considero interessante destacar como Ewbank descreveu a surpresa do responsável diante da afirmação do viajante de que máquinas estariam realizando o seu trabalho, fazendo com que o mesmo movimentasse sua

---

33 *Ibidem*, p. 72-3.

cabeça em negação diante do que ouvia. Tal cena remete não apenas ao atraso dos técnicos brasileiros com relação às novas tecnologias presentes no mercado, mas também ao assombro e até mesmo a uma consciência com dificuldades para assimilar tamanha inovação.

Sobre os tipos de navegações utilizados no Brasil, a comparação com os modernos barcos a vapor utilizados nos Estados Unidos era, para o autor, irresistível:

> Esses barcos são para o Rio e Niterói o que foram os Periaguas[34] há trinta anos atrás para Nova York e Jersey City. Centenas de pessoas preferem utilizar-se deles em vez de barcos a vapor, desde a explosão de uma caldeira que houve, há alguns anos atrás, quando um grande número de vidas foram perdidas.[35]

Ewbank, inserido de forma ativa nas discussões nos Estados Unidos sobre as novas técnicas, deixou de mencionar que naquele país também havia resistência por parte de muitos navegadores em utilizar os barcos a vapor. Muitos acreditavam que embarcações à vela tinham o seu valor justamente por depender da habilidade de quem as guiava, enquanto que a nova tecnologia tirava das mãos do capitão esse poder.

Os excertos acima apresentados transmitem a ideia de um país imerso em atraso, ao mesmo tempo em que indicam outros dois que representam a modernidade – Inglaterra e Estados Unidos, embora, como vimos no capítulo anterior, a primeira fosse criticada pelo viajante, em virtude de não ter acabado completamente com o sistema monárquico. Assim, creio que este tipo de afirmação corrobora a hipótese de que a partir de suas comparações entre Brasil e Estados

---

34 Periagua ou piroga é um tipo de canoa, feita do tronco de uma árvore, podendo assumir dimensões variadas de tamanho.

35 EWBANK, Thomas. *Life in Brazil, op. cit.*, p. 293.

Unidos, Ewbank buscou afirmar uma ideia de superioridade do país em que vivia em relação ao país que observou.

É notável que mesmo quando o autor encontrou uma qualidade relevante no que se referia à técnica, havia quase sempre uma observação pejorativa. Vejamos a passagem em que analisa a forja do ferro nas oficinas do Rio de Janeiro:

> A forja do ferro é bem feita e muito mais durável que o fornecido pelas oficinas inglesas. São (modelos) muito antiquados. Existem chaves, dobradiças e parafusos semelhantes aos conservados no Museu de Nápoles. Alguns bons trabalhos em ferro são realizados no Rio.[36]

Observe-se que, mais uma vez, o elogio subentende um "porém", quando reafirma a antiguidade das peças, já encontradas em museus, fato que de certa forma desqualifica o bom trabalho feito no Brasil.

Na narrativa de viagem, o momento no qual o autor se mostra surpreso com a técnica não se refere ao período da viagem, nem propriamente ao Brasil. As passagens mais elogiosas sobre a produção de outras culturas, em particular do período inca, podem ser encontradas nos anexos, no final de *Life in Brazil*. Nesta parte do livro, o autor apresenta algumas peças antigas por ele examinadas em sua visita ao Rio de Janeiro, produzidas pelos indígenas sul-americanos, e suas observações bem como o seu foco de interesse na cultura material desses povos parecem demonstrar o mais exemplar interesse dos etnólogos do período.

Nestes anexos, há uma miscelânea de objetos que observou a partir de visitas a colecionadores durante sua estada no Rio de Janeiro e também nas viagens que realizou posteriormente pela Marinha de Guerra norte-americana no início da década de 1850. A inclusão feita pelo

---

36   *Ibidem*, p. 193.

autor das observações realizadas em viagens posteriores para a América do Sul foi possível devido ao lapso de tempo entre a realização da viagem e a publicação de *Life in Brazil*. De todo modo, são significativos os elogios de Ewbank sobre a técnica dos incas, principalmente no tocante à forja e à solda. Ao analisar alguns utensílios de pedra produzidos pelos incas, observou: "Como os antigos peruanos, sem o auxílio de ferramentas de ferro, foram capazes de esculpir a pedra tão formosamente, é coisa inconcebível".[37]

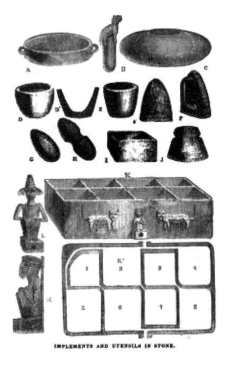

Utensílios e ferramentas antigas em pedra, de origem peruana, ilustrados pelo autor.[38]

Ou ainda, sobre os trabalhos de fundição em bronze também produzidos pelos incas, Ewbank afirma que "são tipos de arcos notáveis

---

37   *Ibidem*, p. 451.

38   *Ibidem*, p. 451.

de fundição".[39] Sobre as cerâmicas encontradas junto aos túmulos peruanos, o autor faz as seguintes observações:

> temos uma tampa para o primeiro vaso, do mesmo material, oco e quase uniforme em espessura – tendo de três a cinco milímetros. Tais tampas são em alguns aspectos superiores às nossas, uma vez que deixam espaços que jamais permitiriam a explosão do vaso pelo acúmulo de vapor. Enquanto uma súbita pressão do vapor poderá parcialmente erguê-los, não podem nunca ser tirados, durante a ausência da cozinheira. O objeto de N. 2 é a talha mais perfeita que jamais encontrei entre as relíquias americanas.[40]

Ilustrações de vasos e talhas de origem peruana, às quais o autor se remete no excerto acima.[41]

---

39 *Ibidem*, p. 453.
40 *Ibidem*, p. 462.
41 *Ibidem*, p. 461.

Ilustrações de trabalhos peruanos antigos, em cobre e bronze.[42]

Diante de tais excertos, ao observarmos a forma como o autor qualificou a técnica de forja praticada no Brasil no período em que aqui esteve com relação àquelas praticadas por culturas pré-colombianas, vemos que Ewbank nos coloca em uma posição inferior também até mesmo em relação à civilização inca.

A passagem que segue relata a sua visita a um museu no Rio de Janeiro. De forma clara, o autor demonstrou o pouco interesse que os artefatos produzidos pelos nativos locais lhe despertaram.

---

42 *Ibidem*, p. 452.

> As antiguidades nativas são poucas e não muito interessantes; mas esta característica da instituição melhorará. Há algumas cabeças embalsamadas do Amazonas. Os tapajós conservavam o crânio dos seus inimigos e em ocasiões especiais levavam-nos pendurados ao peito como amuletos. Sua aparência é horrível, pior que a dos espécimes neozelandeses se colocados próximos a eles.[43]

Na passagem acima, foi reservado aos nativos do Brasil, diferentemente do que ocorreu com os incas, apenas a imagem do primitivismo e da barbárie. Aqui também podemos considerar que Ewbank caminhou por um trilho bastante conhecido: incas e astecas são valorizados por terem instituído sociedades complexas e por dominarem alguns aspectos científicos, como a astronomia e determinados cálculos, mesmo antes do contato com ocidentais.

No entanto, vale lembrar que os mesmos praticavam sacrifícios humanos aos deuses, fator que não foi considerado pelo viajante e que, de alguma forma, deveria pautar o julgamento que fazia entre civilizados e primitivos. Aqui, para tratar a forma como o viajante avaliou e julgou diferentes culturas – tratando incas, brasileiros, norte-americanos, de forma homogênea –, ajudando a criar ou reforçar estereótipos sobre essa ou aquela cultura, considero pertinente mencionar Tzvetan Todorov, que, ao tratar dos problemas da tolerância entre os seres humanos nos mais diversos períodos da história, aponta como as ideias humanistas contidas nos discursos de pensadores importantes, como os de Montaigne e Rousseau, acabam negligenciando aspectos fundamentais do real sentido de tolerância. A ideia de igualdade também acaba sendo distorcida, na medida em que o ponto último de referência é sempre o homem europeu e o sentido de civilização e barbárie que ele atribuiu e impôs aos *outros*. Desta forma, o impulso civilizador europeu não admite a desigualdade, já

---

43 *Ibidem*, p. 120.

que desejou transformar o modo de vida de outros povos, aproximando-os o máximo possível ao seu. Indo além, o autor questiona sobre o que pode ou não ser tolerável em uma sociedade, citando como exemplo de intolerância, apesar do direito à liberdade, o racismo.[44] Nesse sentido, podemos fazer um paralelo com a forma como Ewbank julgou os indígenas brasileiros e os incas. Para o viajante, é provável que os elementos de grandeza destes últimos, no que tange ao domínio de técnicas variadas, os tenham elevado a um patamar superior ao dos indígenas brasileiros, fato que provavelmente levou o autor a tratá-los de forma homogênea e cultivando apenas os aspectos da técnica e da ciência daquela civilização.

Embora a visão de Ewbank sobre o Brasil seja predominantemente negativa, há que se considerar que este autor, como já observado, aqui e ali, reconheceu alguns méritos dos brasileiros e identificou técnicas aqui utilizadas que não existiam nos Estados Unidos e Inglaterra e que lhe causaram boa impressão, como é o caso de um instrumento utilizado para nivelação de pisos:

> A pá, no lugar da enxada, é uma moderna aquisição; e a vasilha de cal de origem inglesa ou irlandesa não é aqui encontrada. O nível obviamente é utilizado, mas não a régua de prumo. Em seu lugar, um implemento igualmente eficiente é visto nas mãos de cada homem. É estranho que um dispositivo tão antigo e valioso tenha sido negligenciado pelos operários britânicos e americanos.[45]

Nesta passagem, Ewbank admiriu um tipo de técnica antiga que foi preservada pelos brasileiros. No entanto, é interessante como ele considerou "estranho" que britânicos e norte-americanos não

---

44 Ver: TODOROV, Tzvetan. "A tolerância e o intolerável". In: *As morais da História*. Portugal: Publicações Europa-América, 1991, capítulo IV.

45 EWBANK, Thomas. *Life in Brazil, op. cit.*, p. 188.

tivessem preservado a utilização de um instrumento valioso por sua funcionalidade, enquanto os brasileiros, a partir do legado dos portugueses, o fizeram. Pode-se indicar que Ewbank, embora criticasse os avanços brasileiros em termos da técnica, em alguns momentos considerou que objetos úteis e práticos deveriam ser mantidos, mesmo que antigos. O que interessava era se eram funcionais e adequados para o uso ou não. Tal observação não modifica a imagem que vem apresentando sobre o Brasil e os brasileiros. A enxada permanecia como ferramenta porque portugueses e brasileiros permaneceram estagnados em determinado patamar da escala da evolução.

Tomemos outros exemplos: Ewbank encontrou nas residências brasileiras uma espécie de jarro conhecido como "macaco"; sobre ele, afirmou:

> O macaco, independente de suas propriedades refrescantes, merece a atenção dos oleiros norte-americanos. Tem vantagens suficientes para justificar a sua introdução geral entre nós.[46]

---

46 *Ibidem*, p. 358.

Ilustração de vasos, potes e talhas encontrados pelo autor nas residências brasileiras.[47]

Alguns modelos de moringas, bacias, canecas, turíbulos, barris e macacos, estes últimos, identificados pela letra "a".[48]

---

47 *Ibidem*, p. 357.
48 *Ibidem*, p. 357.

Sobre a técnica de construção de muros, afirmou:

> Alguns muros são retangulares com a justaposição das telhas produzindo uma impressão agradável de rede. Algumas são arranjadas para produzir círculos. Como custam pouco e duram séculos, não vejo porque não possam ser introduzidas em nossos muros.[49]

Ilustração de Ewbank de alguns modelos de muros observados em Niterói.[50]

Ao mesmo tempo em que reconheceu um objeto de construção dos brasileiros que julgou atraente a ponto de recomendar que fossem introduzidos em seu país, o autor, comparando a técnica de construção entre brasileiros e norte-americanos, novamente nos colocou em uma posição de inferioridade:

> Os tijolos são pouco utilizados, exceto para as lareiras das cozinhas, e arcos rústicos sobre portas e janelas e com o acabamento direcionado para receber placas de vigas (não há casas de tijolos no Rio). Ao assentá-los, os operários tomam o cuidado de introduzir argamassa nas juntas superiores, para o qual todo pedreiro usa um chifre de boi com água. A água existente no chifre é chamada de "prego de pedreiro" devido à solidez que

---

49 Ibidem, p. 292-3.
50 Ibidem, p. 292.

oferece a seu trabalho. Se um artífice brasileiro testemunhasse seu irmão ianque erguendo um prédio de cinco andares e assentando os tijolos tão rápido quanto eles pudessem ser apanhados, fugiria do lugar em um instante, clamando aos santos para que mantivesse em pé as paredes até ter tempo de sair.[51]

Em determinados momentos do relato, Ewbank vai e vem, diagnosticando os males do país, mas reconhecendo a utilidade de alguns instrumentos aqui utilizados, embora antigos. No excerto acima, temos novamente a representação de um povo atrasado, supersticioso, estagnado em um nível baixo da escala da evolução e incapaz de compreender as novas técnicas existentes no país norte-americano. O autor, a partir da construção imagética produzida, leva o leitor novamente a ter uma impressão do atraso, afinal, os trabalhadores brasileiros tendiam a recorrer não aos técnicos em busca de explicações, mas aos céus e seus santos para que os protegesse daquilo que, na visão de Ewbank, não poderiam compreender.

Na narrativa de viagem, Ewbank intercala a sua apreciação sobre a técnica no país com os rituais presentes na sociedade. Apesar das constantes associações feitas pelo autor entre técnicas antigas e atraso, na passagem abaixo reconheceu a eficiência de nosso processo em enterrar os mortos, considerando-o como superior ao que era praticado nos Estados Unidos. Ao presenciar a cerimônia de enterro do cônego Januário da Cunha Barbosa, observou:

> Agora estávamos a ponto de presenciarmos o processo de enterro; era como os da Antiguidade Clássica e em minha mente mais recomendado e superior do que o nosso[...] Os mortos não são enterrados em túmulos nem ocultos por baixo da superfície da ter-

---

51 *Ibidem*, p. 187.

ra. Ao invés de extensos campos funerários ou escavações subterrâneas, consideram suficiente uma sala com quatro espessas paredes das quais geralmente uma é constituída pelo lado da igreja.[52]

Reprodução do cemitério anexo à igreja.[53]

Em um outro de seus raros elogios à técnica empregada no país, em sua visita ao Arsenal Militar, Ewbank afirmou "No departamento de couros faziam-se todos os artigos necessários à cavalaria e à infantaria, inclusive selas melhores e mais baratas que as importadas".[54]

Como pudemos observar, os objetos que lhe despertaram a atenção são artesanais e, portanto, não representam algo que possa ser considerado capaz de produzir mudanças significativas no

---

52 Ibidem, p. 107-8.
53 Ibidem, p. 108.
54 Ibidem, p. 73.

desenvolvimento do progresso e da civilização. A constatação da ausência ou o número reduzido de máquinas, quase objeto de veneração do autor, causou-lhe forte impressão, a ponto de levá-lo a desconsiderar outros elementos indicativos da vida do brasileiro. O único exemplo que pôde ser relacionado com as modernas tecnologias foi o Aqueduto da Carioca. O viajante, impressionado com sua engenhosidade, foi buscar informações na Secretaria de Obras Públicas e se frustrou ao saber que não havia nenhuma documentação sobre a origem e história do aqueduto. Ao se deparar com tal situação, criticou a Monarquia, que em sua visão, não preservou esse tipo de documentação para que pudesse esconder a autoria de tais obras e, assim, atribuir a si mesma os grandes feitos de outros homens.[55] Na opinião do autor, a Monarquia e a aristocracia impediam o reconhecimento dos profissionais do campo das artes úteis.

Ilustração feita pelo autor do Aqueduto da Carioca.[56]

55 *Ibidem*, p. 308.
56 *Ibidem*, p. 411.

O BRASILEIRO E O TRABALHO

No século XIX, a valorização da ética do trabalho em países do Ocidente havia avançado a partir de um processo que se inicia no século XVIII. A adoção do relógio, a necessidade de se controlar o tempo e disciplinar a produção dos trabalhadores reflete um período de transição para uma nova sociedade que começou a se consolidar com a Revolução Industrial. Com a nova disciplina do trabalho que os tempos modernos impunham, o tempo deveria ser aproveitado da melhor forma possível a fim de transformar cada minuto em rendimento para o empregador. Edward P. Thompson alerta para a resistência por parte dos trabalhadores ao longo do século XVIII e XIX, observando que esse processo de transição e instauração de controle não se deu sem conflitos.[57]

Embora neste capítulo não seja meu objetivo discutir sobre a importância do protestantismo implícito nas representações do autor sobre o Brasil, é importante ao menos mencionar a influência da ética protestante, que ajudou a atribuir um novo valor ao trabalho nos Estados Unidos e em alguns países europeus. Para Weber, havia uma especificidade no racionalismo ocidental que provém da consciência protestante ascética. Para este autor, existia uma clara conexão entre puritanismo, capitalismo e liberalismo econômico. Daí decorre o sucesso de países como a Inglaterra e os Estados Unidos da América, que absorveram este protestantismo como formação moral de base, e que se manifestava, entre outras coisas, a partir de certo individualismo e de uma relação com o lucro desprovida de culpa, desde que o lucro se originasse de um trabalho honesto. Weber afirma que foi entre os protestantes que a indústria e as profissões técnicas se firmaram, em uma proporção

---

[57] THOMPSON, Eduard P. *Costumes em comum: estudos sobre a cultura popular tradicional*. São Paulo: Companhia das Letras, 1998.

infinitamente maior se comparada aos católicos, que em geral buscavam ocupações ligadas a áreas humanísticas.[58]

O processo de interiorização por parte da população da necessidade de uso econômico e "racional" do tempo teve a ajuda das escolas e da Igreja, que reafirmavam incessantemente o valor do trabalho, a importância da frugalidade, da organização e da constância. De acordo com Thompson:

> Não se pode afirmar que haja algo radicalmente novo na pregação da diligência ou na crítica moral da ociosidade. Mas há talvez um novo tom de insistência, uma inflexão mais firme, quando esses moralistas que já tinham aceito a nova disciplina para si mesmos passaram a impô-la aos trabalhadores.[59]

Como vimos no capitulo 1, Thomas Ewbank acreditava que o mundo se tornaria melhor a partir dos feitos de cientistas, mecânicos inventivos e engenheiros, profissões que estavam diretamente relacionadas às invenções úteis. Além deste aspecto, o autor acreditava que cada homem deveria exercer o trabalho que melhor se adaptasse à sua constituição física e à zona climática na qual estava inserido. Apesar de ser evidente a sua propensão a voltar-se mais para a ciência do que para a religião, não podemos desconsiderar a influência da ética protestante e de seu poder de internalizar o valor do trabalho na população. Para Ewbank, Deus havia criado o homem para o trabalho, que deveria ser realizado pelo homem com orgulho e dedicação.

No Brasil, o viajante constrói a imagem de uma gente pouco dada às tarefas manuais, tanto pela ociosidade própria dos locais quanto pela desonra que o ato simbolizava. Tal atitude, como sabemos, ia

---

58 WEBER, Max. *A ética protestante e o espírito do capitalismo.* São Paulo: Martin Claret, 2008, p. 39.

59 Cf. THOMPSON, *op. cit.*

contra os valores do autor, que imputava ao trabalho, principalmente o realizado por mecânicos e manufatureiros, enorme importância, devido ao fato de que respeitáveis invenções surgiriam a partir da atividade desses homens.

Ewbank oferece ao leitor algumas explicações para a repulsa que o brasileiro sentia com relação ao trabalho. As condições climáticas locais seria uma delas, como se pode observar no excerto abaixo, em sua apresentação dos indígenas que viviam próximos à cidade do Rio de Janeiro e sua relação com o trabalho:

> Residindo sob a vista da capital brasileira, é dito que os modernos descendentes dos Ararigboia são muito manchados pelo pecado original dos climas quentes: a aversão por trabalhar. Eles plantam apenas o necessário e gastam a maior parte do tempo dormindo, sentados, e fumando.[60]

Nota-se que, para o autor, o clima equatorial promovia a indolência e a consequente aversão ao trabalho. Mas não eram apenas os indígenas que sofriam deste "mal". Os homens brancos também eram afetados pelo clima, fato que o próprio viajante pôde "comprovar" não apenas na população do Rio de Janeiro como também em si próprio: "A temperatura é opressiva. [...] Sinto uma crescente tendência física e mental à supinação".[61]

Vemos, assim, que uma das explicações do autor para o que ele considerou como repulsa ao trabalho encontrava-se baseada nas concepções da Etnologia, na distribuição das raças sobre o globo e no determinismo climático em voga no período, as quais defendiam que o clima dos trópicos exercia um poder degenerativo nos homens e animais.

---

60 EWBANK, Thomas. *Life in Brazil, op. cit.*, p. 83-4.
61 *Ibidem*, p. 77.

No entanto, a condição climática não era o único fator a favorecer a indolência e consequentemente impedir o progresso, na visão do viajante:

> A tendência inevitável da escravidão por toda parte é tornar o trabalho desonroso, resultado superlativamente mau, pois inverte a ordem natural e destrói a harmonia da sociedade. A escravidão negra predomina no Brasil, e os brasileiros recuam com algo próximo ao horror dos serviços manuais. No espírito de classes privilegiadas de outras terras, dizem que não nasceram para trabalhar, mas para comandar. Perguntar a um jovem de família respeitável e em má situação financeira sobre porque não aprende um ofício e ganha sua vida de maneira independente, há dez chances em uma de ele perguntar, tremendo de indignação, se você está querendo insultá-lo! "Trabalhar! Trabalhar!" – gritou um. "Nós temos os negros para isso." Sim, centenas e centenas de famílias têm um ou dois escravos, vivendo apenas daquilo que os mesmos ganham.[62]

Para o autor, a escravidão exerce uma enorme e má influência na forma como os brasileiros enxergavam o trabalho. Sua crítica à escravidão está também vinculada às teorias etnológicas que, como já discutido anteriormente, acreditava que cada raça deveria habitar determinada zona do globo. Deixar o trabalho nas mãos dos negros era evitar que o homem branco comum – o agente natural do progresso da sociedade – não realizasse sua tarefa.

No entanto, o autor observa que esta não era uma postura apenas dos brasileiros, mas também das classes privilegiadas de outras terras, as quais ele não especifica. Talvez porque, caso decidisse exemplificar, tivesse que fazer a crítica também aos Estados Unidos, que no período

---

62 *Ibidem*, p. 184.

em questão mantinha escravos não apenas no Sul do país, mas em todo o seu território.

O viajante segue exemplificando como, no Rio de Janeiro, aquilo que ele considerava como fundamental para o desenvolvimento do país era negligenciado pelos locais e realizado pelos negros, escravos ou não. Em uma oficina de caldeiraria, Ewbank demonstra como era difícil encontrar homens brancos exercendo qualquer tipo de ofício manual:

> Em uma oficina havia vinte negros trabalhando e não se via um único rosto branco, com exceção dos empregados do escritório. Já vi escravos trabalhando como carpinteiros, pedreiros, calceteiros, impressores, pintores de cartazes e ornamentos, fabricantes de carruagens e escrivaninhas e litógrafos. É fato também que esculturas em pedras e imagens de santo em madeira são frequentemente admiravelmente feitas pelos escravos e negros libertos. [...] O vigário mencionou recentemente um escravo, trabalhador de primeira categoria em escultura sagrada na Bahia. Todos os tipos de ofícios são executados por artesãos negros e jovens.[63]

Ao se considerar as crenças do autor sobre a posição da raça negra na escala de desenvolvimento do homem, é difícil imaginar que considerasse a situação favorável ao progresso e ao desenvolvimento de novas tecnologias e, em última análise, ao próprio país. Além das limitações impostas pelo clima e pela cultura católica e monárquica, o atraso do país também estava relacionado justamente ao fato de praticamente não existir manufatureiros ou mecânicos brancos no Rio de Janeiro. E aqueles que o faziam eram todos estrangeiros e discriminados pelos locais. Ewbank, ao comparar a

---

63 *Ibidem*, p. 195.

forma como o trabalho era valorizado nos Estados Unidos em visita a uma litografia, a Heaton & Rensburg, cujos impressores eram todos escravos africanos, escreveu:

> O sr. H. ficou surpreso ao saber que os impressores litográficos ganham de 10 a 15 dólares por semana entre nós. "Um mil réis (50 centavos) por dia", observou ele, "é aqui um bom salário e os escravos não nos custam nem um quarto disso".[64]

É importante ressaltar que Ewbank, em tais comparações, tem como referência Nova York, cidade e seu entorno fortemente voltados para a industrialização e o comércio. Para o autor, a combinação do clima tropical com a escravidão parecia formar um encadeamento fatal para o futuro do país, o que o fez conceber uma imagem caótica e pouco favorável ao desenvolvimento. O excerto abaixo nos dá uma ideia do cenário de desolação que o autor pintou em seu relato de viagem ao demonstrar o resultado que se via a partir da combinação do clima quente e da escravidão:

> Um homem branco, vestido como o alfaiate, nos encontrou – um quadro de preguiça, sujeira e miséria: um espécime, é dito, aos milhares no Brasil, que a escravidão com os sentimentos que gerou torna desgraçada. O trabalho é degradante e como eles não têm os meios para viver respeitavelmente sem ele, o que eles podem fazer? O hábito, em vez de honrar o trabalho útil, retém todos os estímulos para esse tipo de esforço, e de certa maneira compele-os a degenerarem de uma forma pior que a dos hábitos indígenas. Se eles tiverem terras, não poderiam cultivá-las sem escravos, e estes não podem comprar. O clima

---

64 *Ibidem*, p. 193.

favorece-os: habitações quase não são necessárias, o combustível e o fogo podem ser dispensados e, com exceção das folhas de figueira, eles pouco vestem. O pobre do Brasil é realmente pobre.[65]

Aqui, temos a reflexão do viajante sobre as consequências que a escravidão e a inevitável aversão ao trabalho geram em uma sociedade. Ele também associa ao cenário novamente o clima, que não estimularia o homem a buscar meios de libertar-se de sua situação de extrema pobreza, levando-os à degeneração e a um modo de vida considerado por Ewbank como lastimável.

Mais uma vez, vemos que o autor não relativiza o cenário e a cultura que observa. Ewbank não pode explicar a situação de extrema pobreza de alguns homens através de outro prisma que não a degeneração e a preguiça do brasileiro, como se os pobres daqui fossem mais degenerados do que os pobres do norte da América.

O autor presenciou e descreveu o ensino de ofícios em instituições do governo, tal como ocorria no Arsenal Militar, cujas produções manufaturadas lhe causaram ótima impressão. Passagens como esta tornam seu discurso muitas vezes contraditório, na medida em que o próprio autor viu a eficiência das instituições e o grande número de alunos sendo preparados para exercer diversos ofícios, como vemos abaixo:

> Na sala de aula havia 200 rapazes de seis a 13 anos, brancos, pretos, mulatos e índios, tão completamente misturados nos seus lugares quanto os ingredientes do granito mosqueado. Eles são ensinados a ler, escrever, aritmética e desenho. Aos 14 anos, cada um escolhe o ofício que deseja seguir – um daqueles executados no Arsenal. O ofício lhes era ensinado e, ao atingir certa idade, o rapaz entrava para a artilharia. Dessa maneira,

---

65 *Ibidem*, p. 405.

era assegurado para o serviço público um suprimento de carpinteiros, ferreiros, seleiros, fundidores, maquinistas etc. Esse estabelecimento militar é admiravelmente organizado e possui eficiente administração.[66]

Vemos que, ao contrário da imagem construída por Ewbank em grande parte das situações, havia no Brasil a preocupação em formar jovens em diferentes ofícios, fato que mereceria, considerando o enorme interesse do viajante pelo tema, uma observação positiva com relação à capacidade do país para desenvolver-se segundo o molde que Ewbank considerava como correto e único possível. Apesar de descrever elementos positivos da vida do brasileiro, o autor parece ter se apegado a uma imagem de atraso do país e a um olhar de superioridade que o impediu de enxergar o que via, muito embora ele o descrevesse.

Para reforçar a imagem construída de um país que não valorizava os elementos relacionados ao progresso, Ewbank teceu algumas observações sobre a forma como a Monarquia tratava os manufatureiros e os comerciantes. Comentando a sessão da Câmara dos Deputados, o viajante afirmou: "não há nenhum comerciante na Casa, nem um manufatureiro; quanto aos mecânicos, eles estão fora de questão".[67]

Ainda sobre este aspecto, o autor teceu fortes comentários sobre o modo como os homens de valor eram tratados em um sistema de governo monárquico. Em visita ao palácio de campo do imperador, o viajante foi recebido pela governanta, que levou seus cartões a um visconde, a quem o filho do imperador estava sob cuidados enquanto o imperador e sua esposa estavam no Rio Grande do Sul:

> O visconde ali se encontrava isolado desde há vários meses. Falava bem o inglês, viajara pela Europa e estava a par do "maravilhoso progresso" (suas próprias palavras) do

---

66 *Ibidem*, p. 73.
67 *Ibidem*, p. 403.

povo dos Estados Unidos em grandeza nacional. Ele perguntou a respeito da ligação dos grandes lagos por meio de canais, e dos Estados por ferrovias, dos telégrafos, e surpreendeu-me bastante ao me perguntar os preços da mão de obra. Quando lhe disse que mecânicos comuns ganhavam de um dólar e meio a dois dólares e meio por dia, chegando em certos ramos a ganhar de três a quatro dólares, o visconde arregalou os olhos, pois no Brasil os pagamentos feitos aos trabalhadores brasileiros e os salários oficiais do governo são muito baixos. Expliquei-lhe que aquilo que considerava como salário extraordinariamente alto era um elemento da prosperidade americana, pois despertava e estimulava milhares de inteligências agudas para a invenção de máquinas que economizassem o trabalho humano, enquanto que nos países onde o trabalho era mal remunerado, havia pouco estímulo para torná-lo ainda mais barato. Colocando-nos sob a responsabilidade de um subordinado, o visconde observou que a natureza tem feito muito pelo Brasil, mas o homem ainda não havia feito quase nada.[68]

Assim, Ewbank segue indignado ao ver um homem esclarecido como este visconde servindo de "ama-seca" a uma criança, como fica claro na passagem abaixo:

> No apogeu e vigor da vida, capaz e competente, não pude senão lamentá-lo quando nos deixou com sua carga nos braços. Para empregos como *este*, pensei eu, é que fora feito um homem semelhante? Ao invés de ser o chefe de uma província ou o principal magistrado de todas elas, desenvolvendo os recursos do país, e identificando-se ele próprio com as influências

---

68   Ibidem, p. 145.

progressistas da época, servia como ama-seca de uma criança alheia! Mas tal é a filosofia da monarquia, e os homens aqui, como na Europa, dessexualizando-se a si mesmos, não sonham que vão além de Alcides, quando fiava linho entre as donzelas de Onfale.[69]

Vemos nos dois excertos acima uma forte crítica à forma monárquica de governo, que mantinha "homens de valor" ocupando cargos que não favoreciam o desenvolvimento da nação. Para demonstrar o quão desonroso era o papel assumido pelo visconde, Ewbank recuperou Alcides, personagem mitológico, também conhecido como Hércules, que, ao tornar-se escravo de Onfale, fora submetido a trabalhos femininos, inclusive vestindo-se como as donzelas. Assim, para o autor, a Monarquia acabava efeminando seus homens.

Outro aspecto relevante está no fato de o próprio visconde, esclarecido como era, se mostrar admirado com o desenvolvimento e aspectos de modernidade que havia nos Estados Unidos. Ewbank aqui procura demonstrar que os Estados Unidos exerciam uma função exemplar para países como o Brasil – embora o que via aqui o deixasse um tanto pessimista a esse respeito –, tanto pela falta de elementos de modernidade quanto pela desvalorização do trabalho manual e inventivo.

***

Há que se considerar, no entanto, que a riqueza de imagens e informações sobre a cultura material, hábitos e costumes do brasileiro da primeira metade do século XIX torna este relato de viagem uma importante fonte documental para o historiador que procura avaliar a cultura material e a História do Cotidiano no Brasil. No entanto, é necessário que se leve em conta a construção ideológica

---

69 *Ibidem*, p. 145.

que orientou as suas avaliações sobre o país. Vimos que havia no Rio de Janeiro o estímulo ao desenvolvimento de técnicas agrícolas e de manufaturas, e que jovens em grande quantidade eram preparados em colégios para o desenvolvimento de habilidades técnicas, que ele tanto valorizava e que inclusive citou em seu relato, embora não tenha levado essas informações em consideração quando construiu seus prognósticos sobre o país. É notório o fato de que Ewbank escolheu dar ênfase às técnicas de cunho artesanal e desconsiderou o desenvolvimento do país em outras áreas. É evidente que há diferenças entre a velocidade com que determinados estados norte-americanos se puseram em construir a sua indústria e a forma como o Brasil investiu na ciência e na técnica. Todavia, Ewbank, a partir da sua concepção de mundo, não via ou não considerava aspectos que pudessem reformular a "imagem homogênea" que ia construindo/reforçando sobre o país visitado.

Como já indiquei, as avaliações de Ewbank sobre o Brasil não são propriamente uma novidade, uma vez que imagens semelhantes que indicam o atraso brasileiro estão presentes ainda nos dias de hoje e são expressas tanto por estrangeiros como pelos próprios brasileiros, demonstrando o quanto internalizamos essas avaliações e diagnósticos, reiterando a força do discurso colonizador, como bem avaliou Edward Said.[70]

Cabe, contudo, ressaltar que tais percepções sobre o país já podem ser encontradas na primeira metade do século XIX, nas palavras de um viajante que escreveu um influente diário de viagem nos Estados Unidos. *Life in Brazil*, ao longo de seus 154 anos de existência, vem ajudando a proliferar até os dias atuais uma série de imagens que posicionou o Brasil e os brasileiros como algo "fixo" em seu relato: o Império do atraso.

---

70   Cf. SAID, Edward W. *Cultura e imperialismo*. São Paulo: Companhia das Letras, 1995.

CONSIDERAÇÕES FINAIS

Ao analisar *Life in Brazil*, busquei compreender que tipo de imagens e representações sobre o Brasil e os brasileiros foram veiculadas nos Estados Unidos a partir do livro publicado em 1856, que relata a viagem que Thomas Ewbank fez ao Brasil, em 1846. Para tanto, se fez necessário compreender as concepções de mundo que guiaram o olhar do viajante – antes, durante e depois – de sua visita ao Rio de Janeiro. Ao longo dos quatro capítulos, vimos como Thomas Ewbank foi construindo uma determinada imagem sobre o país e que essas foram formadas a partir de um ponto de vista muito específico.

No relato, predomina a imagem do atraso e da estagnação. Seus registros sobre o clima indicaram seus efeitos degenerativos; suas representações acerca da superstição endossada pela Igreja Católica apontaram, por sua vez, para a fragilidade moral e a parca racionalidade da população; e as recorrentes imagens de negros e de seu cotidiano buscaram demonstrar a representação de um sistema de trabalho que impedia o desenvolvimento da nação, cujos brancos não trabalhavam. Todos esses elementos estão articulados com uma visão de mundo guiada pela nascente Etnologia norte-americana, a qual referia-se às questões de "raça" e aos ideais de progresso. Portanto, a primeira conclusão a que se chega é que a visão predominantemente negativa que Thomas Ewbank expressou sobre o Brasil deve ser compreendida no âmbito do debate que se travava na época sobre a "origem do homem" e o "lugar de determinadas raças em seus respectivos ambientes geográficos".

As críticas de Thomas Ewbank sobre o sistema monárquico de governo e a religião católica demonstram que o modelo de referência do autor foi a sociedade norte-americana, considerada por ele como exemplar e como centro irradiador de aspectos da modernidade, a começar por seu sistema republicano de governo. Ewbank condenou o sistema monárquico sem avaliar suas especificidades e complexidades. Nele, só encontrou elementos que impediam o desenvolvimento do país, já que o sistema não promovia a liberdade e a inventividade de seus homens, e tampouco direcionava homens competentes para cargos que elevassem o país a um patamar aceitável de desenvolvimento. Mais uma vez, predominou um olhar viciado, pré-concebido, repleto de ressentimento, sobre um sistema governamental que Ewbank considerava o pior dentre os existentes.

O catolicismo, associado durante todo o relato ao paganismo e à corrupção moral, contribuía, junto ao clima tropical, para a não formação de homens portadores de uma moral sólida, fator que refletia na sociedade. Até mesmo nesse aspecto vimos que as considerações e associações feitas pelo autor de que o protestantismo dificilmente "vingaria" nos trópicos estão relacionadas não só ao clima, mas têm como ponto de referência os Estados Unidos, tanto por sua predominância protestante quanto por seu clima temperado. Assim, acreditamos que a imagem que circulou sobre o Brasil naquele país reforçava a autoestima e a identidade norte-americana, em contraposição à imagem criada de atraso e incivilidade brasileira.

As revistas norte-americanas que publicaram passagens que transmitiam uma forte imagem de um povo supersticioso, avesso ao trabalho, em uma cidade repleta de negros, reforçaram representações que já haviam sido veiculadas naquele país. A crítica editorial citada no capítulo 1 deste livro revela que o público norte-americano esperava dos relatos sobre terras distantes uma experiência que remetesse à imagem de uma terra exótica, cuja natureza "brilhante" os inspirasse. Repito-a aqui:

> O Sr. Ewbank, cujos esboços sobre o Brasil estão diante de nós, não é um escritor muito fluente nem elegante, embora seja um observador atento e um homem de senso. Seu volume é instrutivo, por consequência, mas não é fascinante. Narra as particularidades de uma visita ao Rio, em 1845, com fidelidade, oferecendo-nos fatos muito interessantes quanto aos modos, comércio e superstições do povo, e argumentando sabiamente sobre as causas de sua condição política e social; mas nós não encontramos em seu estilo qualquer tonalidade ou cor peculiar que gostamos de ver em um livro sobre os trópicos. Essa natureza brilhante parece nunca ter elevado o escritor dentro da poesia, nem o seduziu para fora de seu frio hábito prático de homem da ciência.[1]

Ewbank não correspondeu a essa imagem, mas reforçou, por outra chave, a ideia de inferioridade dos países tropicais. Verificamos que ele indicou a ideia de atraso e estagnação da sociedade a partir do centro urbano – a capital do Império do Brasil. Cabe salientar também que os assuntos por ele selecionados revelam que os temas que elegeu não apenas estavam relacionados ao campo da Etnologia, mas diziam respeito às situações que estavam postas na sociedade norte-americana, como a questão da escravidão e do progresso. Assim,

---

[1] "Editorial Notes – Literature: Ewbank's Sketches of Brazil". *Putnam's Montly Magazine of American Literature, Science and Art*, vol. 7, n. 40, abr. 1856, p. 436-7. Disponível em: <http:// digital.library.cornell.edu>. Acesso em 2 mar. 2007.

vemos que em seu mais amplo sentido, os temas que o autor escolheu relatar remetem aos debates da época que circulavam nos Estados Unidos, embora em *Life in Brazil* Ewbank tenha se eximido de tratar da escravidão no país que adotou.

As indicações são de que as relações que Ewbank estabeleceu no Brasil contribuíram para que o viajante continuasse a enxergar o país por meio de "lentes" estrangeiras. Joseph Ewbank, seu irmão inglês que o hospedou por seis meses, foi um deles; o norte-americano Henri Wise – embaixador norte-americano que exerceu suas funções no Brasil de 1844 a 1847, e posteriormente foi governador da Virgínia – foi outro, amplamente citado em seu relato, exatamente como "fonte" de informações sobre o país e seus costumes. Somado a esses estrangeiros, o autor recolheu informações daqueles que ele chamou de brasileiros "esclarecidos", e estes apenas confirmaram crenças, opiniões e julgamentos do próprio Thomas.

Não foi possível observar mudanças significativas na forma como Ewbank compreendia o mundo com o qual se deparou. Além do convívio com pessoas que pensavam de forma semelhante ao viajante, os indícios, principalmente aqueles encontrados em suas produções posteriores a *Life in Brazil*, demonstram que o mesmo parece ter vindo ao Brasil para *confirmar* as convicções que já tinha sobre a vida nos trópicos. Ele veio ao Rio para sentir na pele a influência do clima, para ver de perto como se desenvolvia um país tropical e católico, como eram as relações entre negros e brancos em um clima que favorecia a degeneração. Assim, ainda que visse algumas iniciativas brasileiras de forma positiva, como a existência de escolas técnicas, a ausência de um modelo específico baseado no que via em algumas regiões dos Estados Unidos no que se refere ao impulso em direção ao desenvolvimento, ao progresso e à indústria, o fez desprezar ou desconsiderar o que viu aqui, e assim, permaneceu firme na convicção de que no Brasil, nada que fosse feito se equipararia ao poder de desenvolvimento de países de clima temperado, com um sistema de governo republicano e uma forte e consistente religião protestante. Nesse sentido, mais uma vez, fica evidente que Ewbank, ao visitar o Brasil, pensou os Estados Unidos.

Indo além da alteridade, sempre presente nos relatos de viajantes europeus que visitaram países do Novo Mundo, creio que as imagens veiculadas sobre o Brasil através da escrita do inglês Thomas Ewbank ajudaram a construir, consolidar e legitimar uma postura imperialista. Em *Life in Brazil*, bem como nos artigos que publicou sobre a viagem, o visitante apresentou e reafirmou para o público leitor norte-americano a ideia de que os Estados Unidos e seus habitantes, em contraposição com Brasil e os brasileiros, eram superiores em termos da técnica, da indústria e da sociedade em geral. Dessa forma, se já existia na primeira metade do século XIX uma ideia de excepcionalidade norte-americana, a mesma foi-se legitimando na medida em que esse tipo de escrita sobre o *outro* foi sendo produzida e se incorporando a seu imaginário.

Life in Brazil é, ainda hoje, muito utilizado por historiadores e antropólogos, devido à riqueza de informações sobre a sociedade brasileira daquele período, principalmente no que concerne à vida cotidiana e à cultura material do país. Embora o foco desse trabalho não seja analisar os diversos usos e interpretações feitos a partir da leitura de *Life in Brazil*, creio ser interessante pontuar como o relato pode ser utilizado de acordo com a intenção de quem o estuda. Para tanto, tomo primeiramente como exemplo *Ordem e Progresso*, de Gilberto Freyre, que citou Ewbank diversas vezes para tratar de temas variados. Ressalto aqui uma passagem em que esse respeitado autor afirma que Ewbank foi capaz de perceber a "democracia racial" no Brasil. Para Freyre, esse viajante reconheceu a importância e singularidade do Brasil entre os países da América Latina:

> O que é significativo nos reparos de Ewbank é que o seu autor, a despeito de anglo-americano dos Estados Unidos [...] era dos que lucidamente compreendiam a singularidade na posição brasileira na América; e respeitavam sua forma monárquica de governo combinada com uma maneira paradoxalmente democrática – democracia étnica – de sua sociedade ser aristocrática.[2]

No entanto, ao lermos *Life in Brazil* como um todo, vê-se exatamente o oposto do que Freyre afirma: em momento algum do relato Ewbank demonstrou respeito pelo sistema monárquico, seja daqui ou de qualquer outro lugar do mundo. Tampouco o viajante enxergou qualquer combinação entre democracia e monarquia, concluindo que o fruto de tal união seria a democracia étnica. Thomas Ewbank não estava preocupado com a democracia, mas com a República. Tal inferência é dedutiva de Freyre. Ademais, ao sabermos da ligação do viajante com a Etnologia, uma das certezas que podemos ter é a de que, para Ewbank, o negro ocupava a mais baixa posição na escala da evolução humana, e que a mestiçagem era considerada pelo autor como um crime.

Utilizando *Life in Brazil* em outra chave, em *Raízes do Brasil*, Sérgio Buarque de Holanda lançou mão do relato para criticar a inconsistente devoção religiosa brasileira, ou, mais precisamente, uma devoção superficial dos brasileiros, notada por uma série de viajantes que aqui estiveram no século XIX, entre eles, Thomas Ewbank:

> Outro visitante, de meados do século passado, manifesta profundas dúvidas sobre a possibilidade de se implantarem algum dia, no Brasil, formas mais rigoristas de culto. Conta-se que os próprios protestantes logo degeneram aqui, exclama. E acres-

---

2   Conferir FREYRE, Gilberto. *Ordem e Progresso*. Rio de Janeiro: José Olympio, 1962, p. 35.

centa: "é que o clima não favorece a severidade das seitas nórdicas. O austero metodismo ou o puritanismo jamais florescerão nos trópicos".[3]

Holanda escolheu citar a afirmação feita por Ewbank de que o protestantismo dificilmente floresceria no Brasil. Na década de 1930, Sérgio Buarque de Holanda, a partir dos problemas colocados na primeira metade do século XX, estava também preocupado em discutir aspectos "do atraso brasileiro". Refletindo sobre como Gilberto Freyre e Sérgio Buarque de Holanda utilizaram Thomas Ewbank em seus livros, devemos considerar que o relato do viajante, embora apresente uma visão parcial e negativa do Brasil, é rico em informações, a ponto de autores com ideias distintas sobre o Brasil encontrarem em *Life in Brazil* dados que alimentaram suas interpretações sobre o país.

Desvendar o homem por trás dos seus escritos de viagem tornou-se um esforço imprescindível para que se pudesse compreender as imagens e representações contidas no discurso do viajante. Para tanto, tornou-se essencial a realização de uma análise de texto e contexto, cultura e política, bem como o cuidado de considerar a possibilidade de que diversos fatores poderiam dirigir ou censurar o olhar e a escrita do viajante (tais como ideias, interesses políticos ou credo religioso), limitando assim a expressão de suas impressões íntimas e impulsionando-o a escrever de modo a agradar a um determinado público.

A dimensão das influências que nortearam a escrita de *Life in Brazil* só puderam ser desveladas, como visto, a partir da mais ampla investigação possível de seus escritos, seu percurso profissional e seus valores. Por serem utilizadas como fontes primárias para a investigação histórica, faz-se necessário um olhar criterioso sob tais relatos, sem nunca perder de vista o fato de os mesmos serem constituídos

---

3   Ver HOLANDA, Sérgio Buarque. *Raízes do Brasil*. São Paulo: Companhia das Letras, 2006, p. 151.

também por muitas representações, como vem apontando a historiografia recente. A narrativa de viagem nos apresenta imagens matizadas pelo espírito da época e pela cultura do observador.

Diante do *diferente*, o viajante que nos chega não vem só. Eles carregam consigo uma série de informações preconcebidas, que lhe servirão como base no momento de encontro com o *outro* e que certamente irão influenciar a forma como este indivíduo irá assimilar o mundo que se apresenta diante de seus olhos. Thomas Ewbank trouxe em sua bagagem um modo de ver que lhe deu segurança diante do novo e do imprevisível. Em outras palavras, se levarmos em consideração que os escritos de um autor revelam muito do que ele é, então podemos considerar que, como lindamente escreveu Fernando Pessoa, "a vida é o que fazemos dela. As viagens são os viajantes. O que vemos, não é o que vemos, senão o que somos".[4]

---

4   PESSOA, Fernando. *Livro de Viagem*. Lisboa: Guerra e Paz, 2009, p. 129.

REFERÊNCIAS BIBLIOGRÁFICAS

ADAS, Michael. *Machines as the measure of men: science, thecnology and ideologies of western dominance.* Nova York: Cornell University Press, 1989

ALENCASTRO, Luis Felipe. "Vida Privada e ordem no Império". In: *História da vida privada no Brasil: Império: a corte e a modernidade nacional.* São Paulo: Companhia das Letras, 1997.

ANDERSON, Benedict. *Comunidades imaginadas: reflexões sobre a origem e a difusão do nacionalismo.* São Paulo: Companhia das Letras, 2008.

AZEVEDO, Cecília da Silva. "A santificação pelas obras: experiências do protestantismo nos EUA". *Revista Tempo*, Rio de Janeiro, n.11, p. 111-129.

AZEVEDO, C. M. M. de. *Abolicionismo: Estados Unidos e Brasil, uma história comparada (século XIX).* São Paulo: Annablume, 2003.

BAITZ, Rafael. *Imagens da América Latina na revista* National Geographic Magazine, *1895-1914.* Tese – Departamento de História da FFLCH-USP, São Paulo, 2004.

BANTON, M. *Racial Theories*. Cambridge: Cambridge University Press, 1998.

BATE, William Allen Jr. *The writings and public career of Thomas Ewbank, United States Commissioner of Patents, 1849-1852*. Washington: George Washington University, 1979.

BAYLIN, Bernard. "Fontes e tradições". In: *As origens ideológicas da Revolução Americana*. Bauru: Edusc, 2003.

BOBBIO, Norberto; MATTEUCCI, Nicola; PASQUINO, Gianfranco. *Dicionário de Política*. 1ª ed. Brasília: Ed. UnB, 1998. p.1107-1114.

BORM, Jam. "Defining travel: on travel book, travel writing, and terminology". In HOOPER, Glenn; YOUNGS, Tim (eds.). *Perspectives on travel writing*. Hants/Vermont: Ashgate, 2004.

BRESCIANI, Maria Stella. *Londres e Paris no século XIX: o espetáculo da pobreza*. São Paulo: Brasiliense, 1998

CHARTIER, Roger. *A história cultural: entre práticas e representações*. Lisboa: Difel; Rio de Janeiro: Bertrand Brasil, 1990.

DONNELLY, Jonh V. *Genesis: The birth of the FDA in the Pattent Office*. Disponível em: <http://leda.law.harvard.edu/leda/data/341/donnelly.pdf>. Acesso em: 15 out. 2007.

HOBSBAWN, Eric J. *A era das Revoluções: Europa (1789-1848)*. Rio de Janeiro: Paz e Terra, 1977.

FAUSTO, Boris. *História do Brasil*. São Paulo: Edusp, 1994.

FRANCO, Stella Maris Scatena. *Peregrinas de outrora: viajantes latino-americanas no século XIX*. Tese – Departamento de História da FFLCH-USP, São Paulo, 2005 [mimeo].

FREYRE, Gilberto. *Casa-Grande & Senzala*. 8ª ed. Rio de Janeiro: José Olympio, 1954.

FREYRE, Gilberto. *Ordem e Progresso*. 2ª ed. Rio de Janeiro: José Olympio, 1962, 1º e 2º tomos.

GEBARA, A. L. A. de. *A experiência do contato: as descrições populacionais de Richard Francis Burton*. Dissertação (mestrado em História) – FFLCH-USP, São Paulo, 2001.

GERBI, Antonello. *O Novo Mundo: história de uma polêmica, 1750-1900*. São Paulo: Companhia da Letras, 1996.

GOULD, S. J. *A falsa medida do homem*. 2ª ed. São Paulo: Martins Fontes, 1999.

HOBSBAWN, Eric J. *A era das Revoluções – 1789-1848*. Rio de Janeiro: Paz e Terra, 1977.

HOLANDA, Sérgio Buarque. *Raízes do Brasil*. 26ª ed. São Paulo: Companhia das Letras, 1995.

HOOPER, Glenn; YOUNGS, Tim (eds.). *Perspectives on travel writing*. Hants/Vermont: Ashgate, 2004.

JUNQUEIRA, Mary A. "Ciência, técnica e as expedições da marinha de guerra norte-americana, U.S. Navy, em direção à América Latina (1838-1901)". *Varia História*, Belo Horizonte: vol. 23, n. 38, jul./dez. 2007.

_____. *Ao Sul do Rio Grande: imaginando a América Latina em seleções: oeste, wilderness e fronteira (1942-1970)*. Bragança Paulista: Edusf, 2000.

LANDES, David S. *Pometeu Desacorrentado: transformação tecnológica e desenvolvimento industrial na Europa ocidental, desde 1750 até nossa época.* Rio de Janeiro: Nova Fronteira, 1994.

LEITE, Miriam Moreira. *Livros de Viagem (1803-1900).* Rio de Janeiro: Editora UFRJ, 1997.

MACHADO, Maria Helena P. T. "A Ciência norte-americana visita a Amazônia: entre o criacionismo cristão e o poligenismo degeneracionista". *Revista USP*, São Paulo, vol. 75, 2007, p. 68-75.

MANNIX, Richard. "Albert Gallatin in Washington, 1801-183". *Records of the Columbia Historical Society.* Washington, D.C., vol.71q72, p. 60-80. Disponível em: <http://www.jstor.or/stable/40067770>.

MANTHORNE, Katherine. "O imaginário brasileiro para o público norte-americano do século XIX". *Revista USP,* São Paulo, n. 30, 1995.

MARTINS, Estevão Chaves de R. (org.). *Relações Internacionais: visões do Brasil e da América Latina.* Brasília: Ibri, 2003

MARTINS, Luciana de Lima. *O Rio de Janeiro dos viajantes: o olhar britânico (1800-1850).* Rio de Janeiro: Zahar, 2001.

MARX, Leo. *A vida no campo e a era industrial.* São Paulo: Melhoramentos/Edusp, 1976.

MORGAN, Edmund S. "Escravidão e liberdade: o paradoxo americano". *Revista Estudos Avançados*, n. 14, vol. 38, 2000.

NOVAIS, Fernando (coord.). *História da vida privada no Brasil: Império.* São Paulo: Companhia das Letras, 1997.

OLSON, Richard G. *Science and scientism in nineteenth century Europe.* Illinois: University of Illinois Press, 2008, p. 170-175.

PATERSON, T. Carl. *A Social History of Anthropology in the United States.* Oxford & Nova York: Berg Publishers, 2001.

PESSOA, Fernando. *Livro de Viagem.* Lisboa: Guerra e Paz, 2009.

POORE, Benjamin Perley. *Perley's Reminiscences of sixty years in the National Metropolis.* Philadelphia: Hubbard Brothers Publishers, 1886.

PRADO, Maria Ligia. *América Latina no século XIX: tramas, telas e textos.* São Paulo: Edusp, 1999.

PRATT, Mary Louise. *Os olhos do Império: relatos de viagem e transculturação.* São Paulo: Edusc, 1999.

RUBIÉS, Joan Pau. "Travel writing and ethnography". In: HULME, Peter; YOUNGS, Tim (orgs.). *The Cambridge Companion to travel writing.* Cambridge: Cambridge University Press, 2002.

SAID, Edward W. *Cultura e imperialismo.* São Paulo: Companhia das Letras, 1995.

SALVATORE, Ricardo D. "The enterprise of knowledge: representational machines of informal Empire". In: LEGRAND, Catharine C.; SALVATORE, Ricardo D. (orgs.). *Close encounters of Empire: writing the cultural history of. U.S. – Latin American relations.* Durham: Duke University Press, 1998.

_____. *Imágenes de un Império: Estados Unidos y las formas de representación de América Latina.* Buenos Aires: Editorial Sudamerica, 2006.

SCHWARCZ, Lilia Moritz. *O espetáculo das raças: cientistas, instituições e a questão racial no Brasil – 1870-1930*. São Paulo: Companhia das Letras, 1993.

SELA, E. M. M. *Modos de ser em modos de ver: ciência e estética em registros de africanos por viajantes europeus (Rio de Janeiro – 1808-1850)*. Tese (doutorado em História) – IFCH, Unicamp, Campinas, 2006.

SELLERS, Charles; MAY Henry; MCMILLEN, Neil R. *Uma reavaliação da história dos Estados Unidos: de colônia a potência imperial*. Rio de Janeiro: Zahar, 1990.

STOCKING, G. W. Jr. *Victorian Anthropoly*. Nova York: The Free Press, 1991.

THOMPSON, Eduard P. *Costumes em comum: estudos sobre a cultura popular tradicional*. São Paulo: Companhia das Letras, 1998.

THOUREAU, Henry David. *Walden, or, life in the woods*. Boston: Riverside Press-Cambridge, 1854.

TODOROV, Tzvetan. "A viagem e seu relato". *Revista de Letras da Unesp*, São Paulo, vol. 46, n. 1, 2006.

_____. *A conquista da América: questão do outro*. São Paulo: Martins Fontes, 1996.

_____. "A tolerância e o intolerável". In: *As morais da História*. Portugal: Publicações Europa-América, 1991.

VAINFAS, Ronaldo. *Dicionário do Brasil Imperial*. Rio de Janeiro: Objetiva, 2002.

VARGAS, Milton. (org.). *História da técnica e da tecnologia no Brasil*. São Paulo: Editora da Unesp/Ceeteps, 1994.

DUARTE, Regina Horta Duarte; DORÉ, Andréa; SALGUEIRO, Valéria; Salgueiro; VAILATI, Luis Lima; THOMSON, Alistair. *Revista Brasileira de História* (Dossiê Viagens e Viajantes), São Paulo, vol. 22, n. 44, 2002.

DUARTE, Regina Horta Duarte; DORÉ, Andréa; SALGUEIRO, Valéria; Salgueiro; VAILATI, Luis Lima; THOMSON, Alistair. *Revista da USP* (Dossiê Brasil dos Viajantes), São Paulo, n. 30, 1996.

DUARTE, Regina Horta Duarte; DORÉ, Andréa; SALGUEIRO, Valéria; Salgueiro; VAILATI, Luis Lima; THOMSON, Alistair. *Revista da USP* (Dossiê Intérpretes do Brasil – Anos 30), São Paulo, n. 38, jun./jul./ago., 1998.

VIANA, Larissa. "A mestiçagem como problema de investigação. Algumas considerações". In: *O idioma da mestiçagem*. São Paulo: Editora da Unicamp, 2007.

WEBER, Max. *A ética protestante e o espírito do capitalismo*. São Paulo: Martin Claret, 2008.

WHIPPLE, W.; EWBANK, Thomas; TURNER, Wm. W. "Report upon the indian tribes". In: *Explorations and surveys for a railroad route from the Mississippi river to the Pacific Ocean*. Washington, D.C.: War Department, 1855, p. 43-53.

WILLIANS, Patrick; CHRISMAN, Laura (org.). "Colonial discourse and post-colonial theory. A introduction". In: *Colonial discourse and post-colonial theory. A reader*. Nova York: Columbia University Press, 1994.

WOOD, Gordon. *The creation of American Republic – 1776-1787*. North Carolina: University of North Carolina Press, 1998.

FONTES

PUBLICADAS

EWBANK, Thomas. *Life in Brazil our; a journal of a visit to the land of the cocoa and the palm*. Nova York: Harper & Brother, 1856.

_____. *Report of the Commissioner of Patents for the year 1851: Part II*. Agriculture, H.R Exec. Doc., n. 102, 32d Congress, 1st Sess. 1 (1852).

_____. *The world a workshop: or, the physical relationship of man to the earth*. Nova York: Appleton & Company, 1855. p. v.

_____. "Appendix E – A description of indian antiquities brought from Chile and Peru, by the United States Naval Astronomical Expedition". In: GILLIS, James Melville. *U.S. naval astronomical expedition to the southern hemisphere during years 1849, 50, 51, 52*. Vol. II. Washington: A.O.P. Nicholson Printer, 1855, p. 111-150.

_____. "Report upon the indian tribes". In: *Explorations and surveys for a railroad route from the Mississippi river to the Pacific Ocean*. Washington, D.C.: War Department, 1855, p. 43-53.

_____. "State of indian art". In: *Ethnological researches, respecting the red man of America*. vol. 4. Filadelfia: Linppincott, Grambo & Company, 1854, p. 438-458.

_____. *A descriptive and historical account of hydraulic and other machines for raising water, ancient and modern*. Nova York: D. Appleton and Company, 1842

_____. *Inorganic forces ordained to supersede human slavery*. Nova York: William Everdell & Sons, 1860.

_____. "Visit to the land of the cocoa and palm". *Harper's New Monthly Magazine*, n. XLII, vol. 7, nov. 1853, p. 723-746.

_____. "Sketches in Brazil". *Harper's New Monthly Magazine*, vol. 10, maio 1855. p. 721-735.

_____. "Sketches in Brazil". *Harper's New Monthly Magazine*, vol. 11, jun. 1855.

"Editorial Notes – Literature: Ewbank's Sketches of Brazil". *Putnam's Montly Magazine of American Literature, Science and Art*, vol. 7, n. 40, abr. 1856, p. 436-7. Disponível em: <http:// digital.library.cornell.edu>.

"Ewbank's assailants". *The New York Times*, 13 dez. 1852, p. 6. Disponível em: <http://query.nytimes.com/gst/abstract.html?res =9E04E5D81231E13BBC4B52DFB4678389649FDE>.

"The removal of Mr. Ewbank". *The New York Times*, 11 dez. 1852, p. 2. Disponível em: <http://query.nytimes.com/gst/abstract.html?res =9804E5DC1438E334BC4952DFB4678389649FDE>.

"Review of *Life in Brazil*". *Graham's Magazine*, maio 1856.

"Review of *Life in Brazil*". *Knickerbocker Magazine*, maio 1856.

"*Life in Brazil*". *Littell's Living Age*, out. 1863.

"Ata das reuniões do IHGB do ano de 1846". *RIHGB*, v. 8, 1846, p. 152-156.

WILKES, Charles. *Narrative of the United States Expedition*. vol. 1. Nova York: G.P. Putnan & Co, 1856, p.49. Disponível em: <www.books.google.com.br>.

O Auxiliador da Indústria Nacional, Rio de Janeiro, n. 1, nova série, vol. 1, 1846, p. 3-4. Disponível para consulta no Instituto Histórico e Geográfico Brasileiro (IHGB).

MANUSCRITOS

"Corveta americana Saratoga. Notas diplomáticas sobre a prisão de um oficial e alguns marinheiros da [ilegível] em novembro de 1846". Disponível para consulta no Instituto Histórico e Geografico Brasileiro (IHGB) – Lata 108, documento 6.

Esta obra foi impressa em São Paulo pela Gráfica Vida e Consciência no outono de 2015. No texto, foi utilizada a fonte Minion Pro em corpo 10,5 e entrelinha de 15,5 pontos.